指导单位

上海市文物局

An Exhibition of the 'A Dialogue with the World' Series of Arts and Cultural Relics
"对话世界"文物艺术大展系列

# 印象·派对

MASTERPIECES OF
**THE POLA MUSEUM OF ART**
FROM IMPRESSIONISM TO CONTEMPORARY ART
ＰＯＬＡ美术馆藏印象派艺术精粹

POLA MUSEUM OF ART
ポーラ美術館

上海博物館
Shanghai Museum

上海书画出版社

# 总　序

　　海不辞细流，故能成其深；山不拒细壤，方能就其高。

　　习近平总书记指出，文明因交流而多彩，文明因互鉴而丰富，要坚持弘扬平等、互鉴、对话、包容的文明观，以文明交流超越文明隔阂，以文明互鉴超越文明冲突，以文明共存超越文明优越。

　　文化的交流如春雨润物，无声却深入人心。博物馆作为人类文明的重要殿堂，理应在构建人类命运共同体中发挥积极作用，使之成为增进各国人民友谊的桥梁、推动人类社会进步的动力、维护世界和平的纽带。

　　为加快上海建设具有世界影响力的社会主义现代化国际大都市，以中华优秀传统文化创造性转化、创新性发展，更好地回应时代之变、人民之需，上海博物馆"大博物馆计划"应时而生。作为"大博物馆计划"展陈的重要组成部分，"对话世界"文物艺术大展系列联手世界知名博物馆，着力增强全球资源配置能力和全球叙事能力，推动文明对话，促进交流互鉴，在文旅领域打造国内大循环的中心节点和国内国际双循环的战略链接，让上海成为"世界看中国、中国看世界"的重要窗口。同时，"对话世界"文物艺术大展系列将创新文明话语表达，创作文物传播精品，构建中国特色文物话语体系，推动上海博物馆建设成为全球"一带一路"文明交流的核心博物馆、世界顶级的中国古代艺术博物馆、"中国特色、世界一流"博物馆，向世界展现可信、可爱、可敬的中国形象。

　　博物馆记载过去、观照现在、启迪未来。以文物和博物馆为媒，汲取智慧力量、加强交流合作，是应对百年变局和世纪疫情交织影响，应对世界之变、时代之变、历史之变的精神财富和重要力量。我们将坚持保护第一、加强管理、挖掘价值、有效利用、让文物活起来的工作方针，为建设社会主义文化强国、实现中华民族伟大复兴的中国梦做出更大贡献。

　　璀璨文明看东方，源远流长，博大精深。

　　中华文明耀四方，鉴往知来，天下大同。

上海市文化和旅游局局长

上海市文物局局长

钟晓敏

# General Preface

The depth of the ocean is made possible by the convergence of trickles. The height of the mountain, by the accumulation of rock particles.

Comrade Xi Jinping, General Secretary of the Central Committee of the Communist Party of China, has noted that civilisations are so colourful and wonderful all because of the exchanges and mutual learning between them. They should, on the principle of equality, mutual learning, dialogue, and accommodation, communicate with rather than separate from each other, learn from rather than clash with each other, and coexist with rather than prevail over each other.

Slowly but surely, cultural exchanges exert their influence on humanity, just like the spring rain, which nourishes, sweetly and silently, all living creatures. Museums, magnificent venues for exhibiting the cream of human civilisations, should help proactively to build a Community with a Shared Future for Mankind, as witnesses of friendship among peoples of different countries, as propellers for the progress of human society, and as ambassadors for world peace.

Now, the Shanghai Museum has, in order to accelerate the updating of Shanghai into a socialist cosmopolis with international prominence and to realise the creative transformation and innovative growth of the Museum itself by showcasing the splendid traditional Chinese culture so as to better answer the calls of the times and meet the needs of the people, launched with pride and honour this Project of Great Museum. In "A Dialogue with the World," an exhibition series of cultural relics and art that is an integral part of the Project, the Shanghai Museum joins hands with its prestigious counterparts from the rest of the world, exalts its capacity for allocating global resources, improves its narrative calibre in global conversation, facilitates communication, exchanges, and mutual learning between civilisations, builds itself into a pivot of the macro domestic circulation in culture and tourism and into a strategic junction between the domestic and international circulations, and helps to turn Shanghai into a broader stage where "China presents itself to the world and brings the world to its people." The exhibition series will also innovate ways of expression in the discourse of Chinese civilisation, set prime examples for publicising Chinese cultural relics, and establish a discourse system of cultural relics with Chinese characteristics. In this sense, it will help the Shanghai Museum to become a hub of cultural exchanges among the civilisations along the terrestrial and maritime Silk Roads, a tier-one collector of ancient Chinese art in the world, and a "world-class" museum with "Chinese characteristics" and to set up to the world an image of China that is worthy of trust, love, and respect.

Museums record the past, inform the present, and inspire the future. In order to withstand the combined impacts of the major global disruptions unseen in a hundred years and the most severe pandemic of this century and to adapt to the changes in the world, the times, and history, we ought to derive wisdom from and enhance communication and collaboration through museums and their cultural relics, which prove to be vital sources of spiritual wealth. It is always our responsibility to help make China a socialist state with great cultural strength and realise the Chinese dream of rejuvenating the Chinese nation by prioritising the protection of our cultural relics, optimising their management, exploiting and leveraging their potentialities, and eventually breathing new life into these precious artefacts.

Indeed, it is a truth universally acknowledged that with a history long and full of lessons, the Chinese civilisation, a most inclusive and influential tradition of the East, has been shining throughout bygone days and will unveil what our future may unfold for us through our glance into this stupendous spiritual continuum, which is believed to be a beacon for the great unity of the world, which has been most desired by all the human race.

Zhong Xiaomin, Director-General
Shanghai Municipal Administration of Culture and Tourism
Shanghai Municipal Administration of Cultural Heritage

# 致 辞

　　上海博物馆一直在探寻深受中国观众喜爱的印象派绘画的艺术历程。从 2013 年举办"从巴比松到印象派"展，关注印象派绘画的起端发轫；到 2019 年"美术的诞生"展，探讨艺术史中长期被视为印象派对立面的学院派艺术；再到 2023 年"从波提切利到凡·高"展，呈现印象派如何作为艺术变革的重要环节；而今年岁首的这场"印象·派对"大展，则是第一次全景式完整地细读印象派，带领观众走进印象派光影斑驳的艺术世界。

　　展览汇聚了众多印象派巨匠之作，从库尔贝、马奈的启蒙，到莫奈、毕沙罗、西斯莱、雷诺阿的户外写生，再到塞尚、凡·高、高更等对光影色彩的理解运用，同时也串联起印象派对于其后野兽派、立体主义乃至当代艺术的深远影响，如马蒂斯、弗拉芒克、杜菲以及毕加索等名家，也如愿呈现。三十余位艺术家济济一堂，犹如群星辉映，为观众带来一场盛大热烈的艺术派对。

　　2025 年至 2026 年是中日韩文化交流年，通过文化艺术交流可以增进理解、凝聚共识、促进合作。日本是亚洲收藏印象派绘画艺术的重地，我们非常荣幸地与 POLA 美术馆、日本经济新闻社联合策划主办这次展览，第一次将 POLA 美术馆历年珍藏的印象派及现当代艺术精品带到中国。这是 POLA 美术馆的首次大规模海外展览，涉及的名家之全、流派之多、变革之巨，前所未有。此次展览不仅是连接东西方的一次艺术交流与碰撞，也是对以亚洲细腻品位为主导的艺术收藏的一次精彩呈现。

　　最后，衷心感谢中日双方工作团队为筹备此次大展付出的心血与热忱。正是双方的不懈努力，才使我们能为观众奉献一场百余年来追逐光与影的艺术盛宴。展览中诸多作品捕捉的是转瞬即逝的"印象"，却连缀成一场仿佛永不散场的"派对"，令世人流连，让艺术永恒。

上海博物馆馆长

# Foreword

The Shanghai Museum has been delving into Impressionism, which holds a great allure for numerous art enthusiasts in China: its exhibition, "Barbizon through Impressionism: Great French Paintings from the Sterling and Francine Clark Art Institute" in 2013 traced the origin of this movement; "La Naissance des Beaux-Arts: du Grand Siècle à la Révolution" in 2019 probed into academic art, which has conventionally been seen as the antithesis to Impressionism; "Botticelli to Van Gogh: Masterpieces from the National Gallery, London" in 2023 presented Impressionism as one of the crucial turning points in art history; and now, "Masterpieces of the Pola Museum of Art: From Impressionism to Contemporary Art" marks the Museum's maiden endeavor to comprehensively engage its audiences in the magnificent vista of Impressionism, accompanied by an in-depth analysis of the movement in the realm of painting.

This exhibition assembles an array of remarkable works. It features the trailblazing creations of Impressionist icons such as Courbet and Manet. There are also the splendid plein-air masterpieces crafted by Monet, Pissarro, Sisley, and Renoir, along with the revolutionary ways in which Cézanne, Van Gogh, and Gauguin manipulated light and color. Moreover, it illustrates the profound imprint that Impressionism left on subsequent art movements like Fauvism, Cubism, and contemporary art, as exemplified by the works of maestros like Matisse, Vlaminck, Dufy, and Picasso. The exhibition, with its glittering showcase of over thirty legendary artists, presents an unforgettable artistic extravaganza for its viewers.

With the 2025-2026 period being officially designated as the China-Japan-South Korea Cultural Exchange Year, we are blessed with enhanced prospects for deeper understanding, broader accord, and closer cooperation through cultural, particularly artistic, exchanges. Japan stands as a prominent hub for Impressionist art collections in Asia. The Shanghai Museum is privileged to collaborate with the Pola Museum of Art and Nikkei Inc. in staging this exhibition, which ushers Pola Museum of Art's unique assemblage of modern and contemporary art into China for the first time. This represents Pola Museum of Art's first ever large-scale exhibition overseas. What is truly noteworthy is the extensive display of famous artists, the diverse array of their styles, and the profound historical import of their works during periods of significant transformation. It is not only an extraordinary cultural rendezvous and interchange between East and West but also a potent manifestation of Asian aesthetic sensibilities in art collecting.

Finally, I would like to extend my sincerest gratitude to our teams from both China and Japan for their commitment and dedication to orchestrating this momentous event. It is due to their unremitting efforts that we are able to host this artistic "extravaganza"—a century-long exploration of light and color fluttering and dancing in painting. Although many works on display here encapsulate transient "impressions," they converge to create a "celebration" that never comes to an end, for it enchants us with immortalized art.

Chu Xiaobo
Director of the Shanghai Museum

# 致　辞

我们无比荣幸能够在 2025 年春天，在艺术之都上海，在新落成的上海博物馆东馆，举办 POLA 美术馆在海外规模最大的展览。

POLA 美术馆本着"使箱根的自然环境与艺术共生"的准则，于 2002 年在富士箱根伊豆国立公园内的神奈川县箱根町建成开馆。POLA 美术馆的藏品无论是质量还是数量都堪称 21 世纪日本私立美术馆中的翘楚。本次展览的内容最大程度地展现了 POLA 美术馆藏品的特色和魅力。

参展作品无一不是我馆藏品中的佳作，从莫奈、雷诺阿等这些法国印象派画家的作品开始，到塞尚、凡·高、高更等这些被近现代画家视为先驱的后印象主义画家的优秀作品，再到毕加索、布拉克、马蒂斯等这些 20 世纪巨匠的作品，它们都是 19 世纪下半叶到 20 世纪上半叶这个西方绘画史上重要时期的写照。此外，展览还展示了 20 世纪初中国和日本画家们的交流，并且加入了中国多家博物馆的藏品，形成了本次展览的另一个亮点。POLA 美术馆近期收藏的当代艺术家的作品亦有展出，通过这些摄影、影像和装置艺术，能够近距离地体会到当代艺术家们的睿智与创新。展览遴选了 POLA 美术馆藏品中的精华，所有展品都体现了艺术家对于自然的热爱、对于光和色彩表现的追求，充满了精致与和谐的美感。

我们希望本次展览能够把 POLA 美术馆藏品的魅力传递给更多的中国观众。在此，我们衷心地感谢褚晓波馆长和上海博物馆的全体同仁为展览所倾注的热情与心血。感谢日本经济新闻社等为展览做出贡献的各方友人。

最后，愿各位观众能够尽情地沉浸在展览带来的享受之中。

POLA 美术馆馆长

野口弘子

# Foreword

We are immensely honored to present the Pola Museum of Art's most ambitious overseas exhibition to date at the newly opened Shanghai Museum East in one of the world's hubs of art, Shanghai in spring 2025.

With the aim of creating "a symbiosis between Hakone's natural beauty and art," the Pola Museum of Art was founded in 2002 in Hakone-machi, Kanagawa Prefecture, nestled within the Fuji-Hakone-Izu National Park. The Museum's collection is recognized as the leading private art collection in Japan for the 21st century, distinguished by both its quality and quantity. This exhibition captures the essence and charm of the collection in its entirety.

The exhibits here are all core pieces from the collection of the Pola Museum of Art, spanning from the seminal works of French Impressionists such as Monet and Renoir, through the masterpieces of groundbreaking Post-Impressionists such as Cézanne, Van Gogh, and Gauguin, who were revered as trailblazers by modern painters, to the epochal creations of 20th-century masters such as Picasso, Braque, and Matisse. These artworks encapsulate the pivotal period from the late 19th to the mid-20th century in Western art history. This exhibition also celebrates the early 20th-century artistic dialogue between China and Japan, enhanced by contributions from museums in China. The Exhibition Gallery 3 presents our recent acquisitions of contemporary art, offering insights into the creativity of today's artists through photographs, videos, and installations. A curated tribute to the Pola Museum of Art's dedication to showing the artists' love of nature and their pursuit of more powerful expressions of light and color, the whole exhibition provides a sophisticated and graceful aesthetic journey for its visitors.

We hope that this exhibition will share the Pola Museum of Art's splendor with a broader Chinese audience. Our deepest appreciation goes to Director Chu Xiaobo and his Shanghai Museum team for their enthusiasm for and commitment to making this event possible. We also thank Nikkei Inc. and all those who have supported this cultural endeavor.

May this exhibition offer its visitors an immersive and delightful experience.

Noguchi Hiroko
Director of the Pola Museum of Art

# 目 录
# Contents

# 论 POLA 美术馆的收藏：从印象派到当代艺术

POLA 美术馆 学艺部 今井敬子

POLA美术馆本着"将箱根的自然环境与艺术共勉"的准则，于2002年在富士箱根伊豆国立公园内的神奈川县箱根町仙石原落成开馆。POLA美术馆的藏品无论是质量还是数量都堪称20世纪后半叶日本私人收藏之最。

POLA美术馆的藏品主要来自——化妆品品牌POLA的创始人之子——铃木常司（1930—2000）的私人收藏。他出生在美丽的富士山下的静冈县，作为企业家他一边在东京的总公司坐镇，一边致力于艺术品的收藏。POLA美术馆的藏品是以铃木常司历经40年收藏的艺术品为基础建立起来的，主要由西方绘画，日本的油画，现代的日本画、版画、雕塑、东洋瓷器，日本的近代瓷器、玻璃器和化妆道具组成。铃木常司去世之后，POLA美术馆在近几年还增加了现代艺术家作品的收藏规模。

铃木常司选择了自然环境优美、国际化气氛浓厚的箱根建造美术馆来保存、研究和展示他的收藏品。箱根自古以来就是交通要塞，江户时代（1603—1868）它是连接江户（东京的旧称）与京都的交通要道东海道上的驿站，所以人们在这里的温泉旅馆歇脚、饮马，使其日渐繁荣。江户时代末期到明治时代（1868—1912），阳光明媚、风景秀丽的箱根已是与日光齐名的接待从横滨港进入日本的外国人度假休闲的胜地，箱根也因此而迅速发展了起来。进入20世纪后随着民众对旅游的需求，箱根的交通网络日益健全，住宿设施也日见完善，到了21世纪它成了名副其实的国际化旅游地，迎接世界各地的游客。

## POLA美术馆收藏的诞生——收藏家铃木常司

POLA美术馆的收藏品几乎都是铃木常司一个人建立起来的。他的藏品体系的构建，没有依靠外人的建议，而是从书本中自学艺术品鉴藏和相关的历史知识、靠他自己的眼力严格地挑选而形成的。在他决定购买之前常常

坐落于箱根伊豆国立公园内的 POLA 美术馆

在东京品川的POLA总公司的办公室里，把艺术品摆放在眼前，不问任何人的意见，用一周甚至于一个月的时间反复推敲。他晚年总是在自己的办公室摆放雷诺阿和康定斯基的绘画作品、平山郁夫以丝绸之路为主题的壁画，此外还有一些他钟爱的中国的古代瓷器。他历经四十多年，用敏锐的眼力，脚踏实地地从事艺术品的收藏，是一位低调的收藏家。

铃木常司是POLA创始人铃木忍的长子，1930年生于静冈县。1929年他的父亲着手创建从事研究和制造化妆品的POLA公司，也正是铃木常司出生前一年的事情。铃木忍所创立的POLA公司在1945年静冈大轰炸时被烧毁了工厂，其后铃木忍重建了公司和工厂。1953年铃木常司从立教大学经济学系毕业了，为了进一步学习经营，他远赴美国留学，先是进入马萨诸塞州著名的威廉姆斯学院学习，几个月后为了在美国长期留学深造，便转到了纽约哥伦比亚大学附属语言学校学习。不幸的是，当铃木常司赴美仅7个月的时候，他接到了父亲的讣告，只能包机紧急返回日本。年仅23岁的铃木常司当上了POLA公司的总裁。

此后，铃木常司作为公司的经营者，克服重重困难，与公司共同成长，度过了半个世纪的艰难历程。1958年，铃木常司28岁，也是他担任POLA总裁的第五个年头，他买下了藤田嗣治和荻须高德的油画各一幅。当时只是因为个人爱好而开始收藏，但是渐渐地他的收藏越来越广泛，数量也越来越大。20世纪80年代，他开始计划建造美术馆，便决心购买克劳德·莫奈、皮埃尔-奥古斯特·雷诺阿、保罗·塞尚、文森特·凡·高、保罗·高更、巴勃罗·毕加索等适合专业美术馆收藏的精品。20世纪90年代，他的艺术品收集活动和丰厚的收藏品已经闻名国内外。2002年9月POLA美术馆开馆落成，铃木常司的整个收藏首次公布于众。遗憾的是铃木常司于2000年11月突然离世，未能亲眼见证美术馆的开馆。

## 从印象派到现代艺术

此次赴上海博物馆展出的展品包含了POLA美术馆从印象派到现代艺术的馆藏佳作，反映了POLA美术馆的收藏面貌。这些展品从法国印象派开始，随着艺术史的发展脉络直到现代艺术，共计64件精品。铃木常司去世之后，由他的侄子铃木乡史担任POLA美术振兴财团理事长。POLA美术馆在开馆20年后，把收藏范围扩大到了现当代艺术领域，并积极地展示这些现当代的艺术品。目前，在箱根的POLA美术馆正在举办当代艺术展，并得到了国内外当代艺术家的协助，以新的艺术与自然、与时代共生为题，为观众提供互动的体验。本次展览期间，观众还能够看到从法国印象派绘画作品到现代摄影和艺术装置的陈列，这些都是POLA美术馆藏品中的精华。

POLA美术馆的藏品中有很多西方绘画，包括描绘自然风景的作品、表现美丽女子的作品等。爱德华·马奈《萨拉曼卡的学生》（1860年）虽然描绘了文学作品中的故事情节，但是背景中从树木到地平线的风景描写，吸引着观众的视线。POLA美术馆的藏品中，这种属于历史、神话、宗教题材且需要用学识来解读的作品并不多见。而居斯塔夫·库尔贝描绘野外的现实主义风景画、海风与光影交错的欧仁·布丹的海景画都是划时代的，是能够使人们与自然景观产生共鸣的作品。

印象派的绘画作品是POLA美术馆藏品的亮点。所藏莫奈的作品能够反映他的创作轨迹，包括用轻快的笔触描绘阿让特伊户外景色的作品、同一景物的系列作品及晚年作品。雷诺阿擅长描绘女子肖像，POLA美术馆收藏其作品的年份从19世纪80年代到20世纪10年代，贯穿了他的整个艺术生涯。此次在上海展出的《戴蕾丝帽的女孩》（1891年）一直以来都是我馆最受观众欢迎的作品。

"现代绘画之父"塞尚的作品也是POLA美术馆藏品中的经典。我们收藏了他的风景画、人物画、静物画和浴女等各个题材的作品一共9件，数量居日本国内之首。其中有4件作品来到上海博物馆展出，通过这些作品可以看到塞尚早期、19世纪60年代到晚年、19世纪90年代各个时期的风格变化。另外，受到观众广泛喜爱的凡·高在阿尔勒创作的《维格伊拉运河上的格莱兹桥》（1888年）也是值得注目的作品。

　　塞尚、凡·高绘画中的鲜艳色彩、果断用笔在画布上留下的厚重色块，给20世纪初的前卫画家们造成了深远的影响。野兽派画家亨利·马蒂斯、阿尔贝·马尔凯、莫里斯·德·弗拉芒克、拉乌尔·杜菲、凯斯·凡·东根所描绘的都市女郎和风景画作品也是这次展览中不可忽视的亮点。毕加索在20世纪画坛掀起了革命浪潮，他和盟友布拉克的作品也在这次上海博物馆的展览中亮相。

　　在这次展览中，我们遴选了5件日本的西方绘画作品来介绍日本与中国的艺术家之间的交流。在明治时代以后日本有很多画家到欧洲留学，他们学会了油画的技法，接受了欧洲文化的熏陶。黑田清辉把法兰西艺术学院的写实技法和印象派在户外创作时的技法与观念结合在一起，并且把人体写生带回了日本。他是日本西方绘画的开拓者，也是一位教育家和行政官员。《野外》（1907年）是黑田清辉的代表作之一，描绘了融合在自然中的裸女形象。黑田清辉是东京美术学校的教授，在他的指导下，不仅是日本的学生，还有中国和朝鲜半岛的学生都在西方绘画领域崭露头角。当时中国学生到日本留学无论从距离还是语言上都是比较理想的选择，而且日本也非常欢迎中国留学生的到来。他们不但在日本学到了西方绘画的基本理论，还学到了明治时代日本走向近代之后先进的美术教育方法和制度。

　　李叔同1905年赴日留学，翌年进入东京美术学校西洋画科。他是在黑田清辉那里学成回国的中国画家当中最知名的一位。当时在东京美术学校执教的还有留法的冈田三郎助与和田英作，李叔同在黑田清辉等创立的"白马会"展览过他的作品。作为图画教师的李叔同从1911年开始在中国教授人体写生，把从日本学到的西方绘画的教学方法带回了中国。在上海创办了美术学校的刘海粟于1919年访日，与黑田清辉和藤岛武二的绘画教学产生了共鸣，并与日本画坛开展友好交流，他从展览和书籍中积极地了解日本的教学经验。

　　在当代艺术部分，草间弥生、杉本博司都是日本著名的艺术家。此外，还有沃尔夫冈·提尔曼斯、克里斯蒂安·马克雷的摄影和影像作品在展览中展出。从20世纪到21世纪，摄影已经不是艺术家的专利，它走入了人们的日常生活。用摄影、影像和装置等表现出来的空间感，以光和时间为主题，唤起观众的记忆，刺激他们未知的感观。当代艺术家的这些作品与观赏者在互动中产生对话与交流，也是这次展览一个有意义的亮点。

## 匠心辉映

　　POLA美术馆藏品的特征用中文来概括的话，可以称作"匠心辉映"。藏品整体的特点，当数自印象派以降的画家高超的技法和对光的敏锐洞察力。铃木常司喜爱精致而且色彩鲜艳的艺术作品，不仅仅是绘画，藏品中的中国瓷器、法国玻璃器等各个门类都带着激动人心的、健康的、明亮的色彩。这种欢快而开放的特点与为了让观众体会箱根的自然美而建造的美术馆相得益彰。在这次展览中展出的作品均是以完美的构图、高超的技法仔细完成的，在精致与严格中产生的美，也是艺术家在创作过程中重视自然与人的存在以及对光的运用的结果。

　　本次展览是POLA美术馆藏品在海外最完整的展示。POLA美术馆的藏品是铃木常司对法国、中国等异国风情的憧憬及与世界各国文化积极交流的写照，而本次展览是上海博物馆和POLA美术馆学术交流的成果，亦是西方与东方之间、日本与中国之间文化交流的见证，更是用艺术打开国际交流之门的极好机会，我们期待它的成功。

# On the Collection of the Pola Museum of Art: From Impressionism to Contemporary Art

Imai Keiko
Chief Curator
Pola Museum of Art

## Abstract

A son of the founder of the Japanese cosmetics brand Pola Orbis Group, Mr. Suzuki Tsuneshi (1930-2000) laid the cornerstone of the Pola Museum of Art's collection and was instrumental in the founding of the Museum. Born in the picturesque Shizuoka Prefecture at the foot of the majestic Mount Fuji, he balanced his role as a business leader, overseeing the operation of the company's headquarters in Tokyo, with his passion for art collection. The collection of the Pola Museum of Art has been established on the foundation of the artworks that Mr. Suzuki meticulously collected over a span of 40 years. It primarily consists of Western paintings, Yōga (Western-style paintings by Japanese artists), Nihonga (Japanese-style paintings), prints, sculptures, eastern ceramics, modern Japanese ceramics, glassware, and cosmetic utensils. Since Mr. Suzuki's passing, the Pola Museum of Art has, in recent years, expanded its collection to include works by contemporary artists.

The Pola Museum of Art's collection was almost entirely established by Mr. Suzuki alone. His system of collecting, based not on advice from others but on self-instruction with knowledge from books about art appreciation and from related historical studies, was formed through his own discerning eye for selection. After succeeding his father, Mr. Suzuki Shinobu, as president of Pola Inc., Mr. Suzuki Tsuneshi, aged 28, purchased two oil paintings by Foujita Tsuguharu and Oguiss Takanori respectively. In the years that followed, he kept expanding the scope and quantity of his collection. In the 1980s, with the idea of building an art museum of his own, he resolved to acquire masterpieces fit for a highly professional art museum's collection, such as those by Claude Monet, Pierre Auguste Renoir, Paul Cézanne, Vincent van Gogh, Paul Gauguin, and Pablo Picasso. By the 1990s, his activities as an art collector and his substantial harvest had become well known both domestically and internationally. In September 2002, the Pola Museum of Art was inaugurated, and Mr. Suzuki's entire collection was revealed to the public for the first time.

The 64 works in this exhibition, "Masterpieces of the Pola Museum of Art: From Impressionism to Contemporary Art" are the quintessence of the Pola Museum of Art's collection. Indeed, its collection of paintings is primarily centered around Impressionism, curated and structured in line with the unfolding of art history. Following Mr. Suzuki Tsuneshi's passing, his nephew, Mr. Suzuki Satoshi, carried on his legacy by taking up the role of chairman of the board of directors of the Pola Art Foundation. Over the twenty years or so since the Museum's inauguration, he has expanded the scope of its collection and exhibitions to encompass contemporary art. The current exhibition, which ranges from French Impressionist paintings to modern photography and art installations, showcases the finest pieces from the Pola Museum of Art's collection and reflects its present-day trajectory of and aspirations for development.

The salient characteristic of the Pola Museum of Art's collection, summarized in the Chinese way, is "a galaxy of stars shining with ingenuity." The overall feature of the collection is the superb technique and keen insight into light of painters since Impressionism. Mr. Suzuki Tsuneshi loved delicate and brightly colored art pieces. Not only the paintings but also the Chinese porcelain and French glassware in the collection possess bright, exciting, and healthy colors. This cheerful and inclusive characteristic complements the Museum, which was built to help its visitors experience the natural beauty of Hakone.

This exhibition is the first major display introducing the Pola Museum of Art's collection overseas. The collection is a reflection of Mr. Suzuki Tsuneshi's longing for different cultures such as those of France and China, as well as his active cultural exchanges with various countries around the world. The exhibition is the outcome of academic exchanges between the Pola Museum of Art and the Shanghai Museum. It also serves as a testament to the cultural exchanges between East and West and between Japanese and Chinese painters of the early 20th century. Moreover, it is an excellent opportunity to make possible international exchanges through art. So we look forward to its success.

# 瞬间与永恒：法国印象主义绘画的诞生与发展

上海博物馆 展览部　金靖之

## 仿若有光

19世纪中期法兰西艺术学院的官方展览法国沙龙展，依然遵循色彩凝重、笔法圆润统一的传统绘画技法及理想主义表现形式，将神话与宗教题材的绘画作品列为最高等级，风景与静物画则处于最低地位。

库尔贝、柯罗和马奈等人都有作品入选过法国沙龙展。为了提升艺术表现的空间，他们各自冲破学院派绘画形式的束缚，尝试用写实的手法描写社会各阶层的人物与眼中的风景。他们宛如一束微弱的光芒，为后来被称为"印象派"的画家们照亮了前进的道路。

1855年巴黎沙龙展的会场移到了巴黎世博会上，并为德拉克罗瓦和安格尔这两位画坛巨匠增设了专门的展厅。然而这年还有一位年轻的画家备受瞩目，他就是比德拉克罗瓦小21岁、比安格尔小39岁、出生在法国东部乡村奥尔南的居斯塔夫·库尔贝（1819—1877）。库尔贝向展览评审委员会递交了《奥尔南的葬礼》（1849年，法国奥赛博物馆藏）、《画室》（1855年，法国奥赛博物馆藏）等14幅代表作品，但绝大部分都未能入选。为了抗议这种不公正的待遇，库尔贝毅然在世博会会场的对面租借了场馆，举办他自己的展览，并同样收取1法郎的门票。但是，参观世博会的人们并没有穿过马路走进库尔贝的展厅。他这种公然挑衅贵族风格的新古典主义和浪漫主义绘画的行为，并没有被大多数人所接受。库尔贝极其高超的绘画技法也曾经受到巴黎沙龙展评委们的认可，只是这些崇尚"理想的世界"和"理想的美"的所谓正统的法兰西艺术学院的画家们，无法接受他那种只描写自己眼中的世界，在作品中过于真实刻画现实社会的表现手法。但是他的这种现实主义绘画思想对年轻的印象派画家们产生了很大的影响。

让-巴蒂斯特-卡米耶·柯罗（1796—1875）为19世纪风景画的发展做出了很大贡献。他性格温顺，事事退让，出生在巴黎的一个富裕家庭，父亲是呢绒批发商，母亲经营一家有名的帽子店。柯罗因为无法拒绝父亲希望他继承家业的安排，直到即将步入而立之年时才决心投身绘画创作。1827年柯罗的作品首次入选巴黎沙龙展，在1855年巴黎世博会上，柯罗的风景画作品荣获最高奖，从此确立了他作为风景画家的地位。他的风景画创作几乎都在画室里完成，在户外只是做一些习作而已。不过，柯罗的这种不求名誉和财富，但求讴歌美丽自然的绘画思想，不经意间将法国绘画从新古典主义引到了印象派的入口。

爱德华·马奈（1832—1883）在各个方面都与库尔贝形成了对照，他出生在巴黎的上流社会，父亲是高级司法官。他聪明睿智，相比乡村的田园景色他更喜爱城市的喧哗，是一个典型的布尔乔亚。1861年马奈的作品首次入选巴黎沙龙展。1863年他在落选者沙龙展出的《草地上的午餐》（1863年，法国奥赛博物馆藏）及1865年巴黎沙龙展的参展作品《奥林匹亚》都受到了非难，因为这两幅作品主题现代、色彩明快、画面趋于平面化。可是这种推陈出新的表现手法得到了当时对巴黎沙龙展心怀不满的青年画家们的推崇。莫奈、雷诺阿等聚集到他身边，在盖尔波瓦咖啡馆畅谈理想和未来。未来的印象派画家们认可库尔贝的现实主义绘画风格，但是马奈的天资和他作品中明亮的色彩、时髦的景物与主题对他们更有吸引力。马奈虽然与这些年轻的画家们保持着深厚的友谊，却一直把艺术创作的重心放在巴黎沙龙展，认为巴黎沙龙展才是他的战场，并没有应邀参加他们的印象派画展。

## 寻光复行

蒸汽火车、铁路、车站是产业革命和近代工业的象征，莫奈的圣拉扎尔车站系列作品中，喷云吐雾的蒸汽火车和热闹的车站，便是最好的写照。莫奈、毕沙罗、西斯莱居住在巴黎郊外的塞纳河畔。这些美丽恬静的巴黎资产阶级的度假休闲场所，激起了印象派画家们用新颖自由的技法、轻盈亮丽的色彩来描绘这个世俗而又时尚的新世界的热情。

欧仁·布丹（1824—1898）出生在法国诺曼底地区的翁弗勒尔，作为水手的儿子，布丹年轻时就在船上工作，多年的航海经验让他熟知大海的风云变幻，极其擅长刻画它们的微妙变化，被誉为描写海景的王者。他常年在海滨城市勒阿弗尔和杜维尔一带从事绘画创作，主张在户外创作，抛弃所有的想象和先入为主的观念，把眼中的自然景色描绘在作品中。1857年布丹与莫奈相识，把这种在户外作画的新观念传授给莫奈，成了巴比松派与印象派之间的一座桥梁。1874年他还同时参加了巴黎沙龙展和第一届印象派画展。

克劳德·莫奈（1840—1926）是当之无愧的印象派代表画家。他受到布丹的影响开始研究在户外描绘眼中风景的方法。在巴黎的瑞士学院和夏尔·格莱尔的绘画工作室学习绘画时，他认识了毕沙罗、西斯莱和雷诺阿。1865年他的作品成功入选巴黎沙龙展，但他没有放弃探求新的绘画观念与创作方法。1874年在第一届印象派画展上展出的《日出·印象》（1873年，法国玛摩丹美术馆藏）成为了"印象派"一词的起源。19世纪70年代莫奈与家人一起住在巴黎郊外，塞纳河畔的阿让特伊，他坚持在户外创作并把注意力集中在了对光线和色彩的表达上。他把画室移到户外的小船上，整天观察水面对阳光的反射、天空中风云的变化。他这个时期的作品总是充满了阳光。由于蒸汽火车的普及，交通变得无比便利，莫奈离开阿让特伊移居到韦特伊后往返于他在巴黎的画室。他此时的作品背景中往往有工厂的烟囱与漂浮在空中的黑烟等一些代表工业革命后的近代化发展的景物，它们与田园风光融合在一起留在了画作上。这种类型的风景画作品记录了法国19世纪后半叶的社会风貌。

自然光下景物的色彩会随着光影的变化而变化，光线的微妙变化都会影响到景物的色彩，画家需要抓住这种细微的不同并将它们表现在作品中。换言之，即使是同一个景物在不同的时间与天气里它的状态是不一样的，因此在作品中它也应该是不一样的。为了捕捉和表现这种微妙的自然变化，莫奈开始连续地重复描绘同一个景物，创作同一景物的系列作品。他最早的系列作品就是吉维尼的干草堆，1883年他初到吉维尼时在那里租借了一处坐落在一块叫"苹果榨汁场"的地皮上的庭院，附近的麦场上满是一座座麦秆堆成的小山。莫奈曾这样说过，最初他以为在晴天画一张、阴天画一张就足够了，但是在实际写生的时候发现即使天气没有变化，在不到30分钟的时间里光线已经发生了微妙的变化，干草堆的色彩也随之发生了改变，他只能马上在新的画布上重新作画，可是过不了多久，这些干草堆的色彩就又发生了变化，于是他连续不断地记录它们的变化，创作了在不同光影下的干草堆系列作品。此后他创作了各种系列作品并受到广泛的喜爱和市场的青睐。最终莫奈在吉维尼买下9600平方米的土地，建造了莫奈花园并在那里度过余生。

比莫奈年长10岁的毕沙罗（1830—1903）出生在当时属于丹麦领地的圣托马斯岛，为了成为画家他来到巴黎，在国立的美术学校及瑞士学院学习，在那里他遇到了莫奈和塞尚。作为印象派画家中最年长的一位，他是唯一一个参加了从1874年到1886年的全部八届印象派画展的画家。他为人温厚诚实，个性坚强，是在当时被称为印象派的画家团体中的灵魂人物。毕沙罗曾这样说过，"我的这一生是与印象派的历史融为一体的"。他交友广泛，邀请塞尚、高更等加入到他们的行列，撮合大家走向共同的目标。1886年凡·高来到巴黎时也曾在他那里得到过启示，他联合了印象派和后印象派的画家们。19世纪80年代毕沙罗结识了比他年轻许多的修拉，对新印象主义的理论产生了共鸣，开始尝试用点彩法创作作品。他的作品与布丹和莫奈不同，擅长都市的风景，也热衷于描绘蓬图瓦兹的菜园、连绵的丘林、广阔的农田。

如果说毕沙罗是色彩的魔术师，那么西斯莱就应该是叙述风景的诗人。阿尔弗莱德·西斯莱（1839—

1899）出生在巴黎一个富裕的英国人家庭，为了学习经商他18岁的时候去了英国，在那里接触到透纳和康斯特布尔的风景画，决心要成为画家。回到巴黎后在夏尔·格莱尔的绘画工作室里认识了莫奈和雷诺阿，他们一起在枫丹白露的森林里从事户外创作。西斯莱一直生活在法兰西岛的塞纳河流域，他的作品与莫奈和毕沙罗不同，几乎没有时代的影子，生前没有售出多少作品，在贫穷的困扰中留下了近九百件诗一般甜美的风景画作品。

皮埃尔-奥古斯特·雷诺阿（1841—1919），1841年出生在利摩日，父亲是裁缝，母亲是缝纫女工。为了实现成为画家的梦想，他进入夏尔·格莱尔的绘画工作室学习，在那里遇到了莫奈、西斯莱。1870年后他用明快的色彩描绘都市里的风俗，以人物画见长，运用印象派的绘画原理描绘自然光影中的人物形象。

印象派的画家们注重画面的色彩感，回避黑色、褐色，将阳光折射出的赤、青、黄三色混合，得到紫、绿、橙，他们不在调色板上调和颜料，而是用细腻的笔触将这些色点和色块不加混合地直接在画布上重叠配色，或者分割还原。用这种绘画方式描绘的景物，经过观赏者的眼睛就能享受到色彩的和谐。这种技法被称为"笔触分割法"或者"色调分割法"。他们并不介意笔触的痕迹和颜料直接留在画布上的凹凸感，甚至有意留下这种颜料的叠加和组合的感觉。这与19世纪法国画坛的主流画家们崇尚的笔法圆润，画面光滑、完美的美学观念有着天壤之别。

印象派的画家们热衷于置身室外观察自然中大气与光影的更替变换，并将这种明快的室外光线记录到作品中。蒸汽火车拉近了塞纳河两岸的美丽乡村与巴黎之间的距离。假日里人们在绿树茂盛的郊外度假的情景，成了画家们笔下极好的素材。他们在休闲中创作，描绘生活的快乐和安逸。此外奥斯曼男爵的巴黎大改造工程使巴黎焕然一新，从巴士底到协和广场的街道上马车和人群络绎不绝。当夜色降临，通明的煤气灯点亮了香榭丽舍大街和新建的巴黎歌剧院。芭蕾舞女们，轻歌剧的演员们，观众、游客等所有人都在享受着都市的繁华。这些布尔乔亚的世俗风情也是印象派画家们喜爱的题材。

1865年马奈的《奥林匹亚》虽然受到非难，但最终还是入选了巴黎沙龙展，当时入选巴黎沙龙展是画家走向成功的唯一途径。虽然巴黎沙龙展也在慢慢地发生变化，但还是跟不上年轻的画家们对新的绘画技法和自由的主题内容的追求。因此莫奈等十多名初出茅庐的画家们，便萌生了共同举办展览的想法，他们开始计划组织集体画展，本想邀请库尔贝参加，但是展览需要巨大的资金，而且普法战争的爆发使德加、雷诺阿等都走上了战场。直到1873年，莫奈、毕沙罗、德加、雷诺阿等又一次开始筹备集体画展，他们成立了协会，制定了纲领，决定每年与巴黎沙龙展同期举行他们的画展，展览不设评审也没有奖赏，结束后竞卖所有的展品，每个参展者需要将收入的十分之一交给协会。

1874年他们终于召集了三十名画家成功地举办了第一次集体画展，莫奈的参展作品《日出·印象》得到了艺术评论家们的关注，还讽刺地将他们这个集体称作"印象派""印象主义者"。结果经莫奈、德加、雷诺阿等商量后，索性将1877年的第三次集体画展正式命名为"印象派画展"，有将近二百三十件作品参加了展览，其中不乏莫奈、德加、毕沙罗、雷诺阿等的代表作品。印象派画展的举办展示了他们的实力，寓示着印象主义绘画已经走向成熟。但是竞卖常常不尽如人意，协会运营更不容易，而且他们内部也渐渐产生了分歧，会员们不参加巴黎沙龙展的承诺名存实亡，莫奈、雷诺阿、西斯莱、塞尚等都参加了巴黎沙龙展，而塞尚从第四届开始就再也没有参加过印象派画展，莫奈和雷诺阿都没加入到第五届和第六届的印象派画展中。在这样分分合合的气氛中，到1886年他们一共举办了八届印象派画展，持续了十年以上。

## 华彩辉映

保罗·塞尚（1839—1906）出生在法国南部普罗旺斯地区的艾克斯，家境富裕，上中学时与后来成为著名作家的爱弥儿·左拉成为朋友，萌生了想成为艺术家的念头。在巴黎的瑞士学院学习时认识了毕沙罗、雷诺阿、莫奈和西斯莱。

众所周知印象派的画家们专注于在户外观察、描写自然，他们用各自的技法、形式与色彩不断地寻找如何记录户外瞬息变化的自然景色的方法。塞尚除了着眼于这些眼前的风云变幻的瞬间，更注重自然背后那些永恒的事物与规则。19世纪80年代以后塞尚渐渐确立了自己的绘画风格，直到他离世前大约创作了将近三千件作品。他很少在作品上署名，更没有纪年。当然作为银行家的儿子，他不需要以卖画为生，或者说即使愿意出卖自己的作品当时也未必会有买主。

印象派的画家们通常注重捕捉和再现自然界中某一瞬间的景色，因为他们认为户外的风光在每个瞬间里都在发生变化。但是塞尚却更加关注瞬间变化的景观背后的那些永恒的本质。莫奈、西斯莱的户外创作旨在抓住瞬间，迅速完成作品，但是塞尚面对一个景物常常近乎执拗地用几天的时间来创作。塞尚所追求的是把他体会和理解到的现实中的事物，在画布上创造一个与其相得益彰的造型。塞尚在遇到毕沙罗之后开始用鲜艳的色彩创作肖像画、静物画、风景画和浴女图，他所描绘的都是现实生活中切实存在的事物。塞尚虽然是置身自然、描绘自然瞬间的印象派画家中的一员，但是他认为感观的世界更需要由一种严格的造型来支撑，因为把立体的现实世界描绘在平面的画布上的时候，需要把三维空间中的感观和二维空间里的造型统合之后才有可能完成。换言之，塞尚心目中的绘画创作，不仅仅是对于自然的观察与记录，而是在自然之外重新创造一个与自然界相仿的和谐的世界。他的这种创作思想，影响了野兽派、立体派的画家们，使他成了"新的绘画运动"的奠基人。

文森特·凡·高（1853—1890）1886年2月从荷兰来到法国巴黎，这年最后一届印象派画展在巴黎举行，当时他并没有完全理解印象派画家们笔下那些笼罩在光影与雾气中的风景画的真正含义。1888年他来到法国南部，开始尝试用强烈的色彩对比来呈现阳光灿烂的法国南部景色。为了传达内心的激情，他用笔在画布上扭转滚动大块的色彩，他的这种强烈的色彩感和表现力在西方艺术史上留下了一个难忘的瞬间。

保罗·高更（1848—1903）曾经参加过五届印象派画展。他于1888年10月至12月在法国南部的阿尔勒与凡·高共同居住了几个月，这两个性格迥异的天才一起度过了一段水火不容的时光，其结果就是凡·高为此割下了自己的耳朵。虽然他们无论在性格上还是绘画风格上都大相径庭，但是他们与印象画派画家的交流，以及对20世纪绘画艺术造成的影响是不可磨灭的。

1886年的最后一届印象派画展，虽然延续了之前的形式，但是在内容上可谓名存实亡。会场上没有莫奈、雷诺阿、西斯莱的身影，唯一受人瞩目的是27岁的修拉的作品《大碗岛的星期天下午》（1884—1886年，美国芝加哥艺术博物馆藏），这幅作品经过精心地计算，用细腻技法绘制而成，与跟着感觉即兴创作的印象派画家们的创作风格完全不同。修拉这种严格的理智的绘画形式影响了他的朋友西涅克和前辈毕沙罗，被艺术评论家称为"新印象主义"。修拉对于光和色彩之间的配比以及感官上的处理方法使西涅克深有感触，而西涅克那鲜亮的色彩感又影响了修拉，他们一起热衷于用点彩法进行创作。1891年点彩法的创始者修拉突然离世，西涅克成了新印象派的第一人，并在《从欧仁·德拉克罗瓦到新印象主义》中阐述了点彩法理论。

高更和第一次参加印象派画展的雷东又各自代表了绘画的不同发展动向。雷东善于表现神秘世界中的灵魂，这与注重眼前世界的印象派绘画思想在实质上是相左的。1886年凡·高来到了巴黎，在短时间里他接触到印象派的画家们，特别在与毕沙罗的交往中开始使用明亮的色彩作画，他用这样的色彩表现他心中的情绪。换言之，在这个最后的印象派画展的内外，出现了各种与印象派绘画理念相左的理论。无论怎样，19世纪70年代的印象派画家们至少还保持着共同的审美观念、相同的表现形式，但是19世纪80年代当新的成员加入到他们的行列中的时候，他们反而走向了分裂。虽然被称作后印象派，但事实上已经不能这么简单地用一个流派来统合了，他们就像是一个叫印象派的细胞分裂出的小细胞，朝着各自的方向孕育出新的生命。

# 都市狂想

"野兽派"的称呼与"印象派"一样都是因艺术评论家讽刺性的评价而来。1905年的秋季沙龙把画风相似的年轻画家们的作品集中在了两个展厅中,艺术评论家称作"野兽的牢笼",所以他们被叫做"野兽派"。他们受到新印象主义的色彩理论和凡·高、高更等强烈的原色表现的影响,从现实主义表现方法中彻底解放出来。

亨利·马蒂斯(1869—1954)和阿尔贝·马尔凯(1875—1947)于1892年前后在装饰艺术的夜校中相识,后来他们一起在巴黎高等美术学院的古斯塔夫·莫罗那里学习。莫罗作为巴黎高等美术学院的教授没有把学院派传统的绘画思想和风格强加给学生,而是让他们在自由的教学环境中充分发挥自己的个性。莫罗认为如何描绘自然并不重要,因为这仅仅是为了艺术表现而寻找的借口,艺术表现实际就是通过造型这种手段来表达内心的情感。他的这种艺术思想敏锐地打开了近代绘画艺术的大门。

莫里斯·德·弗拉芒克(1876—1958)和安德烈·德兰(1880—1954)都没有接受过正统的绘画教育,他们在沙图通过自学走上了绘画的道路,用强烈的色彩表达他们青春的热情。

此外还有拉乌尔·杜菲(1877—1953)、乔治·布拉克(1882—1963)、凯斯·凡·东根(1877—1968),他们性格各异,从四面八方来到巴黎,多多少少都曾经加入过野兽派的行列之中。他们笔下的巴黎已经亮起了电灯,街道上行驶着马车、汽车和自行车。这是一个飞速发展的神奇时代,人们从束缚中解脱出来,自由地展示自己的才华。

如果说野兽派用色彩在巴黎画坛掀起了革命,那么布拉克和巴勃罗·毕加索(1881—1973)的立体派运动则是造型和构图的革命。1900年毕加索第一次到巴黎,他以蓝色为基调为穷人作画开始了他的"蓝色时代"。之后他移居巴黎,用暖色调描绘马戏团等主题的作品,打开了"玫瑰色时代"。1907年毕加索的《阿维尼翁的少女》(美国纽约现代艺术博物馆藏)借鉴了塞尚"浴女图"的构想,开创了前所未有的绘画世界。此后他从各种不同的视角把几何图形组合成画面,与布拉克一起活跃在巴黎的艺术家天堂蒙马特,创立了"立体画派"。

在这个跨世纪的时代里,亚洲的画家们也来到了巴黎,黑田清辉(1866—1924)1886年到科拉罗西学院的科林教室学习,1893年回到日本,将充满自由明快气氛的西方绘画带到了日本。他的后半生一直是日本美术教育和美术界的中心人物。冈田三郎助(1869—1939)与和田英作(1874—1959)在黑田清辉的倡导下,在东京美术学校建立起了日本西方绘画的教育体系。

李叔同(李岸)1905年赴日留学,从东京美术学校毕业后回国,于1914年在中国采用裸体模特授课。陈洪钧(1893—1945),号抱一,1913年赴日留学,从东京美术学校毕业后在上海从事西方绘画教育。刘锦堂(1894—1937)又名王悦之,1915年赴日留学,从东京美术学校毕业后在国立北京美术学校担任教授。他们从日本带回了西方绘画教育的经验。此外,刘海粟于1919年赴日,考察了东京美术学校,回国后在上海积极倡导西方绘画的教育。在他们的培养下,潘玉良等赴法国留学,与日本画家佐伯祐三(1898—1928)等一起活跃在巴黎画坛。

19世纪末到20世纪初,世界各国的艺术家们为了寻找梦想来到巴黎,那里已经没有流派与风格的束缚,在艺术这个领域里,画家、设计师、工艺师也没有明显的边界。在几十年的时间里,印象主义绘画从诞生到发展,最终看似悄然地陨落了,但是他们的精神、技法和色彩观念影响了20世纪以后的画坛,至今依然。

**主要参考文献:**
高階秀爾,《近代绘画史(上)ゴヤからモンドリアンまで》,中央公論社,1975年。
同上,《近代绘画史(下)ゴヤからモンドリアンまで》,中央公論社,1975年。
同上,《フランス绘画史:ルネサンスから世纪末まで》,講談社学術文庫,1990年。

# Moments and Eternity:
# The Genesis and Evolution of French Impressionism

Jin Jingzhi
Exhibition Department
Shanghai Museum

**Abstract**

Courbet and Manet directly influenced the emergence of Impressionism. In 1874, Monet, Sisley, Pissarro, and Renoir, among others, launched the First Impressionist Exhibition. They ventured outdoors to capture the interplay between light and air, the changes of weather, and the shifts of the seasons, aiming to document the myriad transformations of landscapes under the sun.

Cézanne was both a close associate of the early Impressionists and a forerunner to the Fauvists and the Cubists. Van Gogh and Gauguin, with their extraordinary talents, crafted the legendary hues, spaces, and imaginings within Impressionist art. Fauvist masters such as Matisse, Marquet, Vlaminck, Van Dongen, and Dufy, though influenced by Post-Impressionist color theories, pursued even greater chromatic and decorative expression. Braque and Picasso opened the gateway to "avant-garde" art, propelling late 19th and early 20th-century art to new heights. During this period, Asia initiated the education of Western painting.

From the late 19th to the early 20th century, artists from all over the world flocked to Paris, a city where schools and styles no longer confined them, and where the lines of demarcation between painters, designers, and artisans blurred. Within just a few decades, Impressionism was born and grew. It seemed to fade quietly, yet its spirit, techniques, and color philosophy profoundly impacted the art world of the 20th century and beyond, enduring even to this day.

莫尔莱
Morlaix

达乌拉斯
Daoulas

布列塔
Bretag

蓬塔旺
Pont-Aven

坎佩尔
Quimper

特里斯坦岛
Tristan Isle

杜阿尔讷内湾
Douarnenez

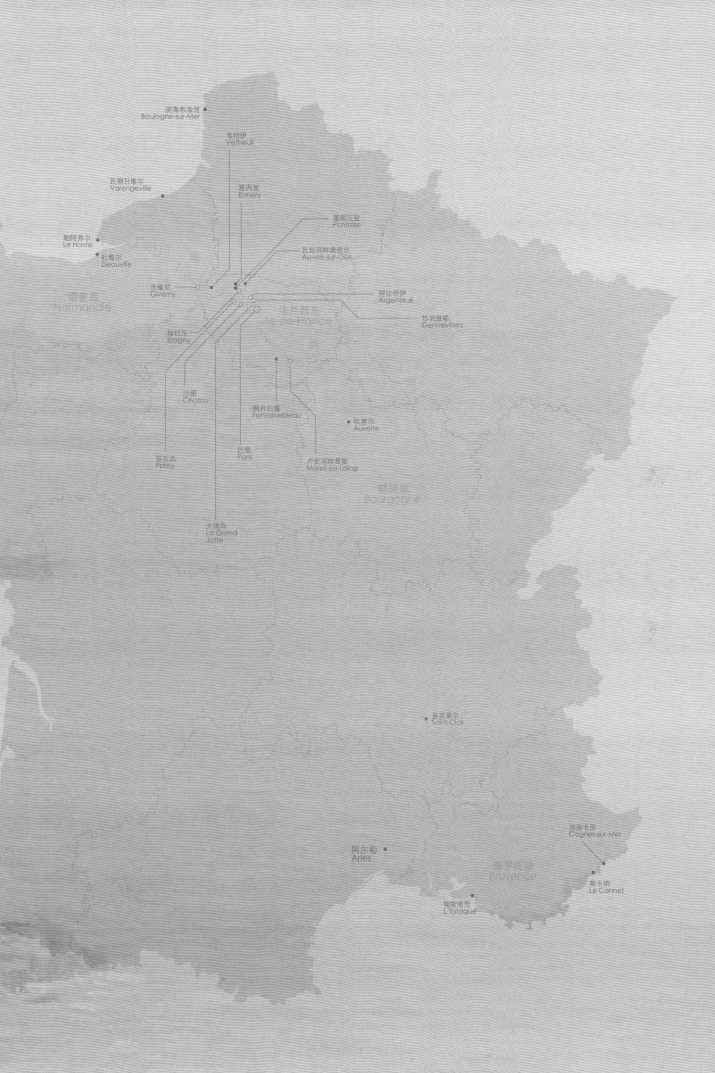

滨海布洛涅
Boulogne-sur-Mer

韦特伊
Vétheuil

瓦朗日维尔
Varengeville

恩内里
Ennery

蓬图瓦兹
Pontoise

勒阿弗尔
Le Havre

瓦兹河畔奥维尔
Auvers-sur-Oise

杜维尔
Deauville

吉维尼
Giverny

阿让特伊
Argenteuil

诺曼底
Normandie

法兰西岛
Île-de-France

热讷维耶
Gennevilliers

埃拉尼
Éragny

沙图
Chatou

枫丹白露
Fontainebleau

欧塞尔
Auxerre

菩瓦西
Poissy

巴黎
Paris

卢安河畔莫雷
Moret-sur-Loing

勃艮第
Bourgogne

大碓岛
La Grand
Jatte

圣克莱尔
Saint Clair

滨海卡涅
Cagnes-sur-Mer

阿尔勒
Arles

普罗旺斯
Provence

莱卡纳
Le Cannet

埃斯塔克
L'Estaque

# I

## 破冰游戏

现实主义、巴比松画派与印象派前奏

# PROLOGUE

Realism, the Barbizon School, and the Prelude to Impressionism

正如派对中常常暗含对摆脱束缚、拥抱自由的期盼，19 世纪中期的法国画坛涌动着对改变的渴望。每年举办的巴黎沙龙展依然捍卫着学院主义的传统，视历史、宗教与肖像题材为正统，风景与静物则等而下之。学院派画家被要求以不显露个性的平滑笔触和超强的写实功力，用一种精心营构的理想化叙事表现历史和神话中的经典故事。

库尔贝、柯罗和马奈代表着率先打破坚冰的力量，他们受过学院派的技法训练，却热衷通过表现现实生活和日常风景挑战学院传统。在这个单元，派对中最先到来的宾客们有着鲜明的个性：库尔贝坚持绘画只能涵盖真实与实际存在的事物，以现实主义的风格描绘弗朗什－孔泰的地方风景；柯罗善于刻画宁静诗意的乡村景致，与巴比松画派关系密切，而后者最早尝试于自然中写生，对印象派意义深远；马奈则擅长以大胆而狡黠的方式赋予传统图式和创作原则以新的涵义——在一个古老故事的外壳下，实际却是一片真实的"当代"巴黎近郊风景。

Just as parties often hint at a yearning to cast off restrictions and embrace liberty, the French art scene in the mid-19th century was ripe with a desire for transformation. The "Salon" exhibitions, held annually, continued to uphold the conventions of academicism, privileging historical, religious, and portrait subjects as the pinnacle, while relegating landscapes and still lifes to a lower status. Academic painters were expected to employ smooth, impersonal brushstrokes and exceptional faith to reality to illustrate the classic tales from history and mythology within an idealized narrative framework.

Courbet, Corot, and Manet were at the vanguard of breaking the ice with their artistic approaches. Though schooled in academic techniques, they were eager to challenge the status quo by representing everyday life and unremarkable landscapes. In this section, the early arrivals at the party display striking personalities: Courbet, with his insistence that painting should only depict what is real and tangible, renders the regional landscapes of Franche-Comté in a realistic vein; Corot, known for his tranquil and poetic rural scenes, is closely affiliated with the Barbizon school, pioneers in plein-air painting, whose influence on Impressionism is profound; Manet, on the other hand, is skilled at investing traditional motifs and creative principles with new significance through his bold and cunning methods—cloaking a contemporary suburban Parisian landscape within the framework of an age-old story.

*01*

居斯塔夫·库尔贝
*1819 年，奥尔南—1877 年，拉图尔德佩*

# 雪中鹿影

约 1866—1869 年 | 布面油画 | 46.3 厘米 × 55.6 厘米
左下方署名：G. Courbet
POLA 美术馆藏

Gustave Courbet
Ornans, 1819 — La Tour-de-Peils, 1877

## Effect of Snow with Does

ca. 1866—1869 | Oil on canvas | 46.3 cm × 55.6 cm
Signed lower left: G. Courbet
POLA MUSEUM OF ART, 997-0004

　　库尔贝 1819 年出生在法国东部弗朗什 - 孔泰地方的乡村奥尔南，父亲是当地富裕的农场主。他于 1839 年到巴黎的瑞士学院学习绘画，1846 年赴荷兰旅行时接触了伦勃朗的绘画后开始热衷于率直地描写现实生活中的人和事物，开辟了现实主义绘画的新路。他在 1849 年的巴黎沙龙展上崭露头角，作品被政府购买，但是 1851 年的参展作品《奥尔南的葬礼》（1849 年，法国奥赛博物馆藏）却引起了巨大的争议。1855 年巴黎沙龙展移到了巴黎世博会上，但是库尔贝的巨制《画家的工作室》（1855 年，法国奥赛博物馆藏）被无情地拒绝在了门外。为了抗议这种不公的待遇，库尔贝毅然在会场附近租借场馆举办了个人画展。

　　19 世纪 60 年代之后，库尔贝受巴比松画派的影响，结合他狩猎时的亲身体验，创作了许多描绘森林的风景画作品。库尔贝时常徘徊在森林的深处，悉心观察林中的动物，他对各种野生动物的描写手法多少受到了英国动物画家爱德温·兰西尔的影响。鹿是库尔贝钟爱的题材，他总是像猎手一样悄悄地躲在鹿的身边仔细地观察它们的一举一动。1866 年他的《溪边小鹿》（1866 年，法国奥赛博物馆藏）入选了巴黎沙龙展，使他在动物画领域中也获得了一席之地。本作中库尔贝描绘了鹿的头部及耳朵等部分，且巧妙地使用刮刀和画笔营造了各种不同的肌理来表现干冷的冬日雪景。

02

02

让－巴蒂斯特－卡米耶·柯罗
1796 年，巴黎—1875 年，巴黎

# 林间少女

约 1865—1870 年｜布面油画｜46.7 厘米 × 34.6 厘米
左下方署名：COROT
POLA 美术馆藏

Jean-Baptiste-Camille Corot
Paris, 1796 — Paris, 1875

## Girl in a Forest

ca. 1865—1870 | Oil on canvas | 46.7 cm × 34.6 cm
Signed lower left: COROT
POLA MUSEUM OF ART, 997-0006

柯罗 1796 年出生在巴黎一个富裕家庭，父亲是呢绒批发商，母亲经营一家有名的帽子店。柯罗为了能够继承家业，在其父亲的安排下去西服料子商那里当学徒，直到年近而立时才决心投身绘画创作。他迈进了瑞士学院的大门，师从 1817 年的罗马奖得主阿希尔－埃特纳·米沙隆学习绘画，但因米沙隆突然离世，柯罗便转到了新古典主义画家让－维克托·贝尔坦门下学习传统的风景画。柯罗于 1825 年赴意大利游学，历时三年，1827 年作品首次入选巴黎沙龙展。1855 年巴黎沙龙展与世博会同期举行，柯罗的风景画作品获得了最高奖，从此确立了他作为风景画家的地位。

当时风景画的创作几乎都在画室里完成，画家在户外只做一些简单的习作。但是柯罗在枫丹白露和维尔达夫雷他父亲的别墅周边，努力尝试在户外创作风景画。本作构图依照传统古典主义风格，画中年轻的村姑恬静地站在岸边眺望远方，背景的层次变化描绘出了在雾霭环抱中的树丛和平稳安逸的气氛。这是柯罗大胆地在户外从事创作而得到的光影效果，这种银灰色调的抒情风景不仅仅博得了大众的喜爱，还对印象派画家产生了很大的影响。

## 03

爱德华·马奈
1832 年，巴黎—1883 年，巴黎

# 萨拉曼卡的学生

1860 年 ｜ 布面油画 ｜ 72.7 厘米 × 92.6 厘米
左下方署名、纪年： Ed. Manet 1860
POLA 美术馆藏

Édouard Manet
Paris, 1832 — Paris, 1883

## The Students of Salamanca

1860 | Oil on canvas | 72.7 cm × 92.6 cm
Signed and dated lower left: Ed. Manet 1860
POLA MUSEUM OF ART, 006-0234

　　马奈出身于巴黎的上流社会，父亲是高级司法官。他 18 岁时立志学习画画，进入托马斯·库图尔门下学习。1861 年作品首次入选巴黎沙龙展，1863 年在落选者沙龙展出的《草地上的午餐》（1863 年，法国奥赛博物馆藏）和 1865 年巴黎沙龙展的参展作品《奥林匹亚》尽管受到了非难，但是这两幅作品主题现代、色彩明快、画面描写趋于平面化，这种推陈出新的表现手法得到了当时对巴黎沙龙展心怀不满的青年画家们的推崇。马奈虽然与印象派画家保持着深厚的友谊，但他一直把艺术创作的重心放在巴黎沙龙展，从未参加过印象派画展。

　　这件作品以 18 世纪法国剧作家阿兰 - 勒内·勒萨日的长篇小说《吉尔·布拉斯》（共 12 卷，1715—1735 年）序中的寓言故事为题材。故事以 17 世纪的西班牙为舞台，描绘了两位主人公在前往西班牙古都萨拉曼卡的途中发现了一块刻着字的石碑，那位俯身认真阅读并以诚挚之心理解碑文的学生得到了藏在石碑下的金币，而嘲笑碑文荒唐的那位则一无所获。画中两位学生的穿着是 17 世纪的西班牙男装款式，马奈创作这件作品时巴黎可能正流行着西班牙情调。

**II**

## 舞池中央

印象派画展与印象派的诞生

### CENTER STAGE

The Birth of Impressionism Through Its Exhibition

被一个派对拒绝？那就办个更酷的！

被官方沙龙展拒之门外的艺术家们热切寻求着展示其独立和反叛的机会。1873年，莫奈、雷诺阿、毕沙罗和西斯莱组建了"无名画家、雕塑家和版画家艺术协会"。次年，包括他们在内的三十位画家联合举办了第一次集体画展，并因为舆论对其激进风格的讥讽而得名"印象派"。这次展览也被追溯为第一届印象派画展。

今日，"无名画家"们成了人尽皆知的名字，嘲笑和揶揄为艺术史上的伟大转折赋名。在这个单元中，于舞池中央闪耀的，正是那些参与了第一届印象派画展、奠定了印象派之名的艺术家们。他们在室外的自然光线中作画，执着于表现变动不居的瞬时光效。莫奈无疑是其中的杰出代表，他描绘吉维尼田间干草堆的作品，正是一种"素以为绚"，借极度平凡的日常之物，彰显幻化无尽的光影。另一方面，城市的工业化进程也刷新着印象派画家们的光色经验。在莫奈表现国会大厦的作品中，伦敦的雾霾成就了艺术家的灵感之源。

Shunned from a party? Host a better one!

Artists spurned by the official Salon were keen to demonstrate their independence and defiance. In 1873, Monet, Renoir, Pissarro, and Sisley established the Anonymous Society of Painters, Sculptors, and Printmakers. The following year, thirty painters, including this collective, mounted an exhibition and became infamously known as the "Impressionists" due to the derision aimed at their daring styles—a name that has since become synonymous with a pivotal moment in art history. This exhibition was the inaugural showing of what would be known as Impressionism.

Today, the "Anonymous" artists have become legendary figures, with the once-derisive labels now marking a significant shift in the annals of art. In this section, it is the artists who participated in the first Impressionist exhibition and solidified the movement's fame that take center stage, shining brightly like stars in the galaxy of art history. They painted under the natural light of the outdoors, obsessed with capturing the ever-changing, ephemeral play of light. Monet, in particular, stands out as a paragon of this approach: his depictions of haystacks in Giverny exemplify the idea of "finding brilliance in the plain," using the most common of subjects to reveal the endless dance of light and shadow. Concurrently, the urban industrialization was reshaping the Impressionists' experiences with light and color. In Monet's series on the Houses of Parliament, it was the very smog of London that became a source of inspiration, transforming the city's haze into a canvas of creative brilliance.

## 04

欧仁·布丹
1824 年，翁弗勒尔—1898 年，杜维尔

# 达乌拉斯的海岸和船只

1870 年—1873 年｜布面油画｜36.8 厘米 × 58.3 厘米
右下方署名：E. Boudin
POLA 美术馆藏

Eugène Boudin
Honfleur, 1824 — Deauville, 1898

## Shore and Ships at Daoulas

1870—1873 | Oil on canvas | 36.8 cm × 58.3 cm
Signed lower right: E. Boudin
POLA MUSEUM OF ART, 006-0525

  布丹 1842 年出生在法国诺曼底地区的翁弗勒尔，在当地的画材商店工作时认识了米勒等画家，并在他们的影响下立志要成为艺术家。布丹常年在诺曼底地区的海滨城市勒阿弗尔和杜维尔一带从事绘画创作，热衷于置身室外观察自然中大气与光影的更替变换，大胆地将这种明快的室外光线运用到绘画中，成功地创作了大量的海景画。1857 年布丹与莫奈相识，把这种在室外作画的新观念传授给了莫奈，成了巴比松派与印象派之间的一座桥梁。1874 年布丹同时参加了巴黎沙龙展和第一届印象派画展。

  布丹钟爱诺曼底的美丽景色，也描绘了不少布列塔尼地区的风景。布列塔尼与诺曼底相邻，1839 年开通了从莫尔莱到勒阿弗尔的海上交通，1865 年又在布列斯特建造了铁路，这让布丹能够自由地往返于两地之间，特别在 1870 年到 1873 年间，他集中描绘了这个地方的风景。达乌拉斯在布列斯特附近，同属菲尼斯泰尔省。这是一个历史悠久的渔港，绿茵覆盖，河流纵横，罗马式建筑风格的教堂、修道院和被称为石制福音书的十字架像都是当地的历史古迹。本件作品描绘云团在蓝天上翻滚，真实地再现了天空中的风云变化，作品无愧于布丹"天空王者"的称号。

## 05

欧仁 • 布丹
1824 年，翁弗勒尔—1898 年，杜维尔

## 晨光下的特里斯坦岛

1895 年│布面油画│50.7 厘米 × 74.1 厘米
左下方署名、纪年、加注：E. Boudin 95 / Douarnenez
POLA 美术馆藏

Eugène Boudin
Honfleur, 1824 — Deauville, 1898

## View of the Tristan Isle, Morning

1895 | Oil on canvas | 50.7 cm × 74.1 cm
Signed and dated, and annotated lower left: E. Boudin 95 / Douarnenez
POLA MUSEUM OF ART, 006-0526

　　特里斯坦岛一带景色宜人，是法国西北部的名胜，布丹曾多次到此游历。它位于法国著名的杜阿尔讷内海湾，岛上有灯塔和村落，退潮时与陆地相连。坎佩尔市向西北 30 千米就是杜阿尔讷内海湾，是一个被北边的克罗宗半岛和南边的锡赞半岛所包围的里亚斯型海湾。相传凯尔特人的著名爱情神话《特里斯坦与伊索尔德》的主人公，文武双全的骑士特里斯坦的主君马克国王的别墅就在这座岛上。中世纪时岛上就建造了小型的修道院，16 世纪时因为它独特的地理位置成了海盗的据点。布丹于 1855 年到访特里斯坦岛之后激发了诸多画家对此地的青睐。

　　作为水手的儿子，布丹年轻时就在船上工作，多年的航海经验让他熟知大海的风云变幻，极其擅长刻画它们的微妙变化。这件作品从杜阿尔讷内湾远望特里斯坦岛的角度取景，描绘了这一带的美丽风光。清晨的阳光照耀在海面上，平静的蓝色海面上波光粼粼，折射出翡翠般的光泽，海水温柔地拍打着险峻的礁石，远处岛上教堂的塔尖、村落的屋脊和高耸的灯塔依稀可见，朵朵白云飘浮在空中，清新的海风似乎正在告诉人们晨光无限美好。

莫奈于 1840 年生于巴黎，从少年到青年时期都生活在勒阿弗尔，与布丹相识后学会了在户外进行创作的新方法。1859 年他来到巴黎进入夏尔·格莱尔的绘画工作室学习，期间认识了西斯莱和雷诺阿。1865 年他的作品成功入选巴黎沙龙展，同时他还在盖尔波瓦咖啡馆与马奈等交流绘画创作的新观念。1869 年莫奈与雷诺阿一起到当时颇受巴黎人欢迎的近郊度假区，各自用他们在室外创作的新观念描绘那里的浴场"青蛙池"。1874 年在第一届印象派画展上展出的《日出·印象》（1873 年，法国玛摩丹美术馆藏）成为了"印象派"一词的起源。为了抓住水面的灵动、时光的更替、大自然的瞬间变化，莫奈开始尝试将颜色分成单个的颜料笔触来作画。他 40 岁以后定居在吉维尼直到 86 岁去世，始终反复推敲，不断地描绘庭院池中的睡莲。

*06*

克劳德·莫奈
1840 年，巴黎—1926 年，吉维尼

# 散步

1875 年｜布面油画｜59.4 厘米 × 80.4 厘米
右下方署名：Cl. Monet
POLA 美术馆藏

Claude Monet
Paris, 1840 — Giverny, 1926

## La Promenade

1875 | Oil on canvas | 59.4 cm × 80.4 cm
Signed lower right: Cl. Monet
POLA MUSEUM OF ART, 016-0055

1871 年到 1878 年莫奈居住在巴黎郊外塞纳河畔的阿让特伊，本作是莫奈从塞纳河对岸的热讷维耶瞭望生活在绿树成荫的阿让特伊的家人，并记下他们生活的日常瞬间，画面充满了幸福与亲情。天空晴朗、空气清新，茂密的树林由远而近，井井有条。前景中的树荫下撑着遮阳伞的女性是莫奈的妻子卡米耶·东西厄，画面中央寥寥数笔勾勒了他的儿子让和乳母，此时儿子才 8 岁，是莫奈心中对幼小的让的美好记忆。在本作中莫奈并没有过多地表现近代化的脚步，而是突出了家庭的幸福和宁静的田园风光。

1875 年前后，莫奈创作了一系列以撑遮阳伞的女性和幼儿为主题的作品。在第二届印象派画展中展出的《散步》（1875 年，美国国家美术馆藏）也是在这年的夏天创作的。为了表现户外阳光下的人物形象，本作没有遵循传统绘画中对人物表情和特征的描写方法，而是用简洁的笔触描绘了光影变幻中与自然融为一体的人物形象。

## 07

克劳德·莫奈
1840 年，巴黎—1926 年，吉维尼

## 圣拉扎尔火车站的铁轨

1877 年 | 布面油画 | 60.5 厘米 × 81.1 厘米
右下方署名、纪年：Cl. M. 77
POLA 美术馆藏

Claude Monet
Paris, 1840 — Giverny, 1926

### Train Tracks at the Saint-Lazare Station

1877 | Oil on canvas | 60.5 cm × 81.1 cm
Signed and dated lower right: Cl. M. 77
POLA MUSEUM OF ART, 016-0036

　　从 1870 年 10 月至翌年，莫奈为了避开普法战争来到英国，在那里他看见了英国画家透纳的那些以飞驰的蒸汽火车为主题的作品。莫奈被铁路这个近代工业革命的标志所吸引，回到法国后，以巴黎的圣拉扎尔火车站为主题创作了一组系列作品。19 世纪后半叶法国的铁路日渐发达，从巴黎到法国各个主要城市的铁路已经基本修建完成。圣拉扎尔火车站是巴黎到诺曼底地区勒阿弗尔的始发站，极大地方便了巴黎人去诺曼底海滨度假，这里更是莫奈极其熟悉的地方。

　　作品描绘了铁制三角形屋顶下的站台上，蒸汽火车正徐徐驶来，周围青灰色的烟雾缭绕，画中的景物都似乎在运动中，传递着画家创作时那种灵动的笔触。1877 年的第三届印象派画展上莫奈展出了 8 件以圣拉扎尔火车站为主题的画作，这种把同一景物作为主题而创作的多幅作品放在一起陈列的方法开创了"系列作品"展示的先河。除了描绘火车站内的作品，莫奈还创作了高架铁路上的蒸汽火车等与圣拉扎尔火车站相关的 12 幅系列作品。

*08*

克劳德·莫奈
1840 年，巴黎—1926 年，吉维尼

## 大碗岛

1878 年 | 布面油画 | 56.3 厘米 × 74.5 厘米
右下方署名：Claude Monet
POLA 美术馆藏

Claude Monet
Paris, 1840 — Giverny, 1926

## The Isle of La Grande Jatte

1878 | Oil on canvas | 56.3 cm × 74.5 cm
Signed lower right: Claude Monet
POLA MUSEUM OF ART, 006-0319

大碗岛位于巴黎西边布洛涅森林公园的北侧，全长仅 2 千米，是浮在塞纳河上的细长沙洲，19 世纪后半叶成了巴黎近郊泛舟游玩的度假胜地。修拉的《大碗岛的星期天下午》（1884—1886 年，美国芝加哥艺术博物馆藏）是一件特别有名的作品，西斯莱和莫奈也都描绘过这里的美景。这不免使人想到，雷诺阿和莫奈用崭新的观念在户外竞相创作，孕育出了"分割法笔触"，其表现对象"青蛙池"浴场也是当时新兴的度假区。可见印象派画家的创作轨迹与巴黎的近代化总是保持着一致的步伐，与资产阶级的娱乐休闲文化也有很深的关联，画家所选择的户外创作地点往往都是巴黎人周末休闲的度假地。

步入近代之后交通日渐便利，莫奈在移居到韦特伊后依然往返于他在巴黎的画室。本作是以从大碗岛西侧瞭望的角度来描绘的，蜿蜒的小道上人们正在悠闲地散步，用深色调点缀而成的人物创造了画面的前后空间，远景描绘了对岸阿涅尔的铁桥和克里希工厂的烟囱与漂浮在空中的黑烟。莫奈在 1870 年之后常常将田园风光和工业革命后代表近代化的景物融合在同一幅作品当中，这种类型的风景画作品记录了法国 19 世纪后半叶的社会风貌。

*09*

克劳德·莫奈

1840 年，巴黎—1926 年，吉维尼

# 瓦朗日维尔的风景

1882 年｜布面油画｜64.9 厘米 × 81.0 厘米

右下方署名、纪年：Claude Monet 82

POLA 美术馆藏

Claude Monet

Paris, 1840 — Giverny, 1926

## Landscape, Varengeville

1882 | Oil on canvas | 64.9 cm × 81.0 cm

Signed and dated lower right: Claude Monet 82

POLA MUSEUM OF ART, 006-0324

　　当蒸汽火车成为日常的交通工具，人们的生活也随之改变，进入到享受度假旅行的快乐时代。1880 年莫奈刚刚步入不惑之年，他尽情地游历法国各地，领略风土人情，在户外纵情地描绘他眼中美丽的自然风光。此时他渐渐远离工厂和尘世的嘈杂，畅游在风景名胜之中，在闲云野鹤般的生活中记录下所到之处悠闲恬静的自然风光。莫奈的这一系列风景画作品得到了当时那些喜爱休闲度假的布尔乔亚们的共鸣。

　　1881 年底莫奈从韦特伊搬到了普瓦西，开始频繁地前往诺曼底。翌年他两次到访诺曼底紧邻英吉利海峡的避暑胜地普尔维尔和瓦朗日维尔，并在那里小住。在这期间他创作了大约一百幅描绘当地海景的作品。面向大海的断崖和峡谷构成了气势磅礴的自然景观，驱使着莫奈拿起手中的画笔。本作描绘的是画家站在瓦朗日维尔的悬崖上透过树林眺望大海时的景色，迪耶普的白色断崖蜿蜒在水平线上，海天相连，一望无边。这种透过树林瞭望大海的手法借鉴了日本浮世绘的取景方式，使画面富有装饰性的效果。

*10*

克劳德·莫奈

1840 年，巴黎—1926 年，吉维尼

# 吉维尼的干草堆

1884 年 | 布面油画 | 66.1 厘米 × 81.3 厘米

右下方署名、纪年：84 Claude Monet

POLA 美术馆藏

Claude Monet

Paris, 1840 — Giverny, 1926

## Haystacks at Giverny

1884 | Oil on canvas | 66.1 cm × 81.3 cm

Signed and dated lower right: 84 Claude Monet

POLA MUSEUM OF ART, 006-0207

    莫奈的最后一个居住地是离巴黎并不太远的吉维尼，当时这个美丽的小乡村尚未受到近代化的冲击。一位曾经到访过那里的客人是这样形容的：这一处自然景象简直就是人间天堂。莫奈在吉维尼拥有 9600 平方米的土地，建造了著名的莫奈花园。1883 年他初到那里时租借了一处坐落在一块叫"苹果榨汁场"的地皮上的庭院，并立刻喜欢上了这个天然安逸的乡村，那里的景色不断地触发他的灵感，让他陶醉在风景画创作的快乐之中。干草堆、白杨树林和塞纳河的支流伊普特河都是他刚刚发现的新题材，他开始热衷于系列作品的创作，尽情地发挥他无限的创造力。

    从 1884 年到 1886 年，莫奈居住在麦场附近，打完麦子后到处是麦秆堆成的一座座小山。本作是 8 幅系列作品中的一件，描绘了当时莫奈的庭院西侧、莫朗农场里的三座干草堆和白杨树林。莫奈描绘一系列以干草堆为主题的作品，其目的是为了捕捉景物在不同季节、不同时间里特有的光影变化。

克劳德·莫奈

1840 年，巴黎—1926 年，吉维尼

# 国会大厦·玫瑰色交响乐

1900 年｜布面油画｜82.0 厘米 × 92.6 厘米

右下方署名：Claude Monet

POLA 美术馆藏

Claude Monet

Paris, 1840 — Giverny, 1926

## Houses of Parliament, Symphony in Rose

1900 | Oil on canvas | 82.0 cm × 92.6 cm

Signed lower right: Claude Monet

POLA MUSEUM OF ART, 006-0235

　　莫奈喜欢在不同的气候、不同的时间和不同的季节里，在相同的地方描绘相同的景物，他创作这些系列作品的目的是想在不同的瞬间抓住光线的微妙变化，把各种不同的光影效果表现在作品中。保罗－杜朗·卢埃尔画廊为莫奈举办个人特展时，把"干草堆""睡莲"这种描写同一景物的系列作品汇聚在一起陈列，作品中光影效果的不同之处就变得愈加明显，更容易让人体会到画家在创作每一组系列作品时对其光影的变化在整个系列作品中所作的调和。

　　1900 年冬天，莫奈的次子米歇尔在英国伦敦留学，他便也在那里小住，开始创作国会大厦等泰晤士河沿岸的风景画系列作品。翌年冬天他再次到访伦敦，继续创作了一系列的风景画，不过这些作品最终完稿都是在他吉维尼的画室里。莫奈为了描绘英国国会大厦这座著名的新哥特式建筑，选择在其正东面、泰晤士河对岸的圣托马斯医院阳台上，以瞭望视角取景。他支起画架，在逆光下眺望淹没在晚霞中的国会大厦，宁静的泰晤士河面上映照着它依稀的倒影，雾气从河面上冉冉升起笼罩在国会大厦的周围，在晚霞的映衬下，它那依稀可见的蓝紫色身影高高浮现。国会大厦、泰晤士河和雾气，这些伦敦的象征在粉紫色的画面中交相辉映，宛如一首抒情的玫瑰色交响乐。

卡米耶·毕沙罗

1830 年，圣托马斯岛—1903 年，巴黎

# 恩内里的大路

1879 年｜布面油画｜54.5 厘米 × 65.1 厘米

右下方署名、纪年：C. Pissarro 79

POLA 美术馆藏

Camille Pissarro

St. Thomas, 1830 — Paris, 1903

## View of the Road at Ennery

1879 | Oil on canvas | 54.5 cm × 65.1 cm

Signed and dated lower right: C. Pissarro 79

POLA MUSEUM OF ART, 006-0346

    1830 年毕沙罗出生在当时属于丹麦领地的圣托马斯岛，为了成为画家他来到巴黎，在公立的美术学校及瑞士学院学习，在那里他遇到了莫奈和塞尚。作为印象派画家中最年长者，他是唯一一位参加了从 1874 年到 1886 年的全部八届印象派画展的画家。为人温厚诚实、个性坚强的他，是当时被称为印象派的画家团体中的灵魂人物。他信奉社会主义，所以创作了许多以农村和劳作为主题的作品，擅长用细腻的色彩构筑稳健的画面，他的这种绘画风格得到了很高的评价。

    1864 年蓬图瓦兹铺设了铁路，便利的交通和美丽的自然环境使那里很快成了巴黎人热衷的度假之地。毕沙罗从 1866 年到 1882 年间创作了大约三百幅描绘蓬图瓦兹一带风光的油画作品，可见这片土地在其绘画生涯中是一个举足轻重的圣地。蓬图瓦兹与比邻的恩内里之间有一片 3.5 平方千米的森林，本作描绘的是穿过森林站在大路口时看到的光景。毕沙罗用和谐而又微妙的细腻笔触从不同的角度用颜料堆积而成的画面，描绘了清新的空气里树叶在微风中轻轻摇曳，编织出一派抒情而又祥和的景象。

*13*

卡米耶·毕沙罗

1830 年，圣托马斯岛—1903 年，巴黎

## 埃拉尼晨曦下盛开的梨树

1886 年｜布面油画｜54.1 厘米 × 65.1 厘米

右下方署名、纪年：C. Pissarro 1886

POLA 美术馆藏

Camille Pissarro

St. Thomas, 1830 — Paris, 1903

### Pear Trees in Bloom at Eragny, Morning

1886 | Oil on canvas | 54.1 cm × 65.1 cm

Signed and dated lower right: C. Pissarro 1886

POLA MUSEUM OF ART, 016-0058

  1884 年毕沙罗搬到了距离巴黎西北 100 千米远的伊普特河畔小乡村埃拉尼，并在这里度过了晚年。本作描绘了埃拉尼清晨寂静安逸的瞬间，是 1886 年第八届印象派画展的参展作品。画中用梨树和栏杆构筑的纵横轴线形成一个稳定的构图。因为与修拉和西涅克的交流使毕沙罗对点彩的技法产生了浓厚兴趣，本作正是这个时期的作品。那映入眼帘的复杂交错在一起的细小点彩明显是为了增强色彩的对比效果。运用这种通过周密计算后所达成的点彩技法是为了在画中呈现埃拉尼乡村晨曦下那一幕静谧的光景。

  艺术评论家居斯塔夫·科奎特在评论毕沙罗的户外风景画作品时，借用一位曾经见过他作画的农民的话——"毕沙罗用笔在戳画布"——来描述他作画时的手法。这是毕沙罗和塞尚一起在户外作画时的一则轶事，这句话生动地阐述了善于运用细腻点彩的毕沙罗的绘画天赋，他总是细心观察自然，用各种不同的细致色彩对比将景物的种种细节描绘出来。毕沙罗的这种表现方式让人感受到他作品中绿树繁茂的乡村气息。

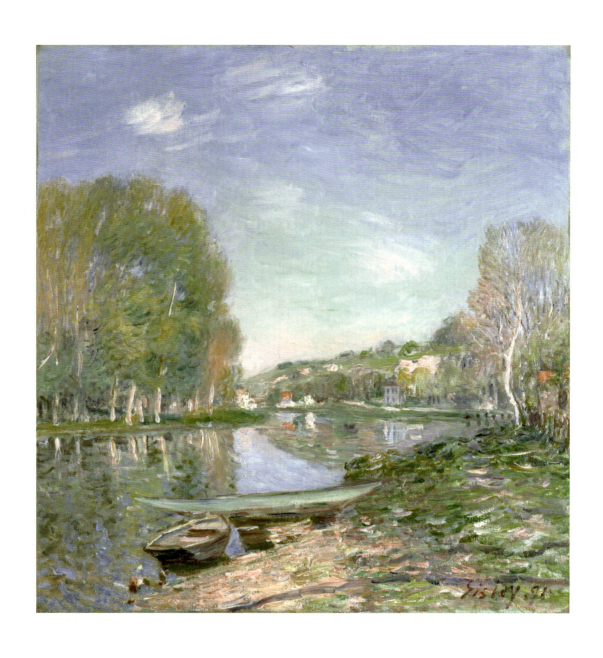

*14*

阿尔弗莱德·西斯莱
1839 年，巴黎—1899 年，莫雷

**卢安河畔的早晨**

1891 年｜布面油画｜59.6 厘米 × 57.4 厘米
右下方署名、纪年：Sisley 91
POLA 美术馆藏

Alfred Sisley
Paris, 1839 — Moret-sur-Loing, 1899

## Banks of the Loing River, Morning

1891 | Oil on canvas | 59.6 cm × 57.4 cm
Signed lower right: Sisley 91
POLA MUSEUM OF ART, 006-0206

　　西斯莱 1839 年出生在巴黎一个富裕的英国人家庭，为了学习经商，他 18 岁时去了英国，在那里接触到透纳和康斯特布尔的风景画后决心要成为画家。回到巴黎后，他在夏尔·格莱尔的绘画工作室里学习，并结识了莫奈和雷诺阿，和他们一起在枫丹白露的森林里进行户外创作。西斯莱一直生活在法兰西岛的塞纳河流域，擅长描绘诗一般甜美的田园风光，留下了近九百件油画作品。

　　西斯莱晚年的最后十年生活在枫丹白露森林附近的美丽乡村、卢安河畔的莫雷。他以高耸的古老教堂为题材，在不同的时间、不同的季节、不同的光影效果下创作了这个地方的著名的 15 幅系列作品。当时画家最关心的是河面上的光影变幻，本作描绘了卢安河平稳的河湾，清晨清新的空气中，河面波光粼粼，河水缓缓流淌，岸边绿树成荫，农庄的小屋静静地散落在周围，它们的倒影在河面上是那样的宁静和美丽，似乎沉浸在一派祥和安逸的氛围中。

雷诺阿1841年出生在利摩日，父亲是裁缝，母亲是缝纫女工。为了实现成为画家的梦想，他进入夏尔·格莱尔的绘画工作室学习，在那里遇到了莫奈、西斯莱。1870年后他用明快的色彩描绘都市里的风俗，在印象派画展和巴黎沙龙展中都以人物画见长。

*15*

*皮埃尔－奥古斯特·雷诺阿*

*1841年，利摩日—1919年，滨海卡涅*

## 骑驴的阿拉伯人

约1881/1882年｜布面油画｜55.1厘米×65.6厘米

右下方署名：Renoir.

POLA美术馆藏

Pierre Auguste Renoir

Limoges, 1841 — Cagnes-sur-Mer, 1919

## Arabs on Donkeys

ca. 1881/1882 | Oil on canvas | 55.1 cm × 65.6 cm

Signed lower right: Renoir.

POLA MUSEUM OF ART, 006-0511

　　1881年至1882年间，雷诺阿赴非洲的阿尔及利亚旅行。他为什么下决心去非洲已无法考证了，但是离开巴黎到气候温暖、阳光明媚的地方一定是他此行的目的之一。雷诺阿刚到阿尔及利亚时，在给他的朋友、艺术评论家泰奥多尔·杜雷的信中这样写道："可惜不是晴天，但是这里丰富的自然环境真的无比美妙。"

　　雷诺阿在首都阿尔及尔的市中心从事绘画创作，描绘了阿尔及尔的清真寺、街道和老城区节日的样子，以及那里人们的生活场景。但是描绘不同文化、不同宗教、不同地域的人物并不容易，所以他将注意力集中到了阿尔及尔郊外的风景上。本作描绘了一对男女抱着幼小的孩童骑着驴子与众人漫步在海边的样子，背景中淡蓝色的天空与蔚蓝的大海交会之处漂浮着阿尔及尔耀眼的白色街景。令人注目的地方还有从远景中的街道到近景中的植物都随意地用高光点缀。雷诺阿在数年后谈及这次旅行的成果时曾举例说，"发现白色"使他对事物的认识发生了很大的改变，这是"太阳的魔力"。日常的光景绽放出的白色光芒，似乎带着威风凛凛的感觉。本作曾名《阿尔及尔·白色》，这蕴含了画家在阿尔及尔的体验。

*16*

皮埃尔 – 奥古斯特 • 雷诺阿

1841 年，利摩日—1919 年，滨海卡涅

# 银莲花

约 1883—1890 年 ｜ 布面油画 ｜ 46.2 厘米 × 38.1 厘米

右下方署名：Renoir.

POLA 美术馆藏

Pierre Auguste Renoir

Limoges, 1841 — Cagnes-sur-Mer, 1919

## Anemones

ca. 1883—1890 | Oil on canvas | 46.2 cm × 38.1 cm

Signed lower right: Renoir.

POLA MUSEUM OF ART, 006-0476

　　银莲花、玫瑰和大丽花都是雷诺阿喜欢的主题，他善用多种色彩的变化和柔软的曲线凸显花瓣与花萼的丰富层次，描绘一种圆润饱满的花卉造型。本作中他用同样的手法呈现出银莲花束丰满的质感，在表现手法上更注重花束的形态、轮廓和数量。背景以蓝色调为主，与花瓶上的钴蓝色花纹相呼应，与从红色到淡紫色的朵朵鲜花相得益彰、绽放华彩。雷诺阿晚年曾告诉博纳尔，对"美"的表现是至关重要的，这似乎代表了他对绘画的态度。他毕生为花的魅力所倾倒，不断地创作花卉作品可能也是他追求"美"的一种方式。雷诺阿年轻时曾经当过瓷器画工，插满鲜花的花瓶对于他有特别的意义，加上他对银莲花的描绘，使作品更富于完整美丽的感觉。

*17*

皮埃尔 – 奥古斯特 • 雷诺阿
1841 年，利摩日—1919 年，滨海卡涅

# 浴女

1887 年｜布面油画｜81.9 厘米 × 53.0 厘米
右下方署名：Renoir.
POLA 美术馆藏

Pierre Auguste Renoir
Limoges, 1841 — Cagnes-sur-Mer, 1919

## Bather

1887 | Oil on canvas | 81.9 cm × 53.0 cm
Signed lower right: Renoir.
POLA MUSEUM OF ART, 006-0272

　　雷诺阿在印象主义绘画的创作道路上也曾遇到瓶颈期的困扰。19 世纪 80 年代他赴意大利旅行，开始用明确的线条来表现事物的立体感，风格转向古典主义的绘画方式。本作中雷诺阿延续"沐浴中的裸女"这个传统题材，将人物放在画面中央，浴女肩部略窄，身体和手臂略长，传承了古典主义绘画中裸女的传统风格。其头部与身体朝不同方向微侧，也是传统雕塑的典型形态。

　　画作的背景用笔柔软，笔触细腻，以柔软且短促的线描重复叠加而成，没有明确的轮廓，但富于节奏感。草地部分绵延到人物的背部，使视平线高于画面中央。人物的上半身用细致的线条勾勒出轮廓，肌肤部分珠圆玉润如瓷器般白皙光滑。两臂与身体间的阴影让臂膀更加富于立体感，呈现出人体与背景之间恰到好处的空间感。

　　雷诺阿在这个时期创作的另一幅作品《大浴女》（美国费城艺术博物馆藏），虽刻画细腻但线条缺乏柔韧性，人物群像与背景之间缺乏联系。相比之下，画家在创作本作时更加注重人物与背景的调和。

*18*

皮埃尔-奥古斯特·雷诺阿

1841 年, 利摩日—1919 年, 滨海卡涅

## 戴蕾丝帽的女孩

1891 年│布面油画│55.1 厘米 × 46.0 厘米

左下方署名: Renoir.

POLA 美术馆藏

Pierre Auguste Renoir

Limoges, 1841 — Cagnes-sur-Mer, 1919

## Girl in a Lace Hat

1891 | Oil on canvas | 55.1 cm × 46.0 cm

Signed lower left: Renoir.

POLA MUSEUM OF ART, 016-0022

头戴华丽蕾丝帽的女孩恬意地斜倚在椅背上, 棕色的睫毛下明眸善睐, 丰满的樱唇灵巧端庄。1890 年前后雷诺阿从古典主义风格轮廓线与立体感中解脱出来, 通过研究 18 世纪巨匠们的经典之作, 他摸索出了新的绘画形式, 作品笔触柔软, 色彩融合。雷诺阿在这个时期创作了许多身穿流行服装、头戴时髦优雅帽子的年轻女子的肖像画, 通过著名的印象派画商保罗-杜朗·卢埃尔在艺术品市场上流行开来, 且受到了广泛的好评。

作为裁缝和缝纫女工的儿子, 雷诺阿自幼被女装包围着, 因此他在描绘女子的时候尤为重视服装的描写, 能巧妙地表现出不同衣料的独特质感。本作中除了对女子容貌、发肤的描写之外, 还用简洁的笔致描绘了那顶用层层蕾丝缝制而成的时髦帽子立体蓬松的感觉。在丰满的袖口上施以白色的高光, 对于裙子的描写同样体现了他对服装敏锐的观察力。19 世纪 90 年代初期雷诺阿迎来了"珍珠色时代", 本作便是这个时期其风格特征的典型。

## 19

皮埃尔－奥古斯特·雷诺阿
*1841 年，利摩日—1919 年，滨海卡涅*

## 沐浴之后

1915 年｜布面油画｜38.8 厘米 × 50.5 厘米
右下方署名：Renoir.
POLA 美术馆藏

Pierre Auguste Renoir
Limoges, 1841 — Cagnes-sur-Mer, 1919

## After the Bath

1915 | Oil on canvas | 38.8 cm × 50.5 cm
Signed lower right: Renoir.
POLA MUSEUM OF ART, 997-0076

  雷诺阿于 1903 年搬到地中海沿岸城市尼斯近郊的滨海小镇卡涅。美丽辽阔的大自然在明媚的阳光下浮现出多彩的光芒，雷诺阿在这里创作了许多色彩丰富的作品。

  阳光普照的户外草地上，裸女慵懒地斜躺着。1915 年雷诺阿迎来了他的新模特，凯瑟琳·海斯琳。这位年轻的红发模特是雷诺阿暮年绘画创作的灵感之源，后来还成了雷诺阿次子让的第一任妻子。本作中的裸女、画面左侧的树木等景物，甚至整体构图都与 1918 年雷诺阿创作的最后巨制《沐浴者》（1918—1919 年，法国奥赛博物馆藏）相似，且作品中着衣女子的用笔略硬，所以本作可能是雷诺阿在构思那幅最后巨制阶段中的作品。

  置身于法国南部耀眼的阳光下，对于雷诺阿而言是他从事户外创作过程中最具刺激性的体验，而充满活力的年轻模特更激起了他的创作欲望，因此雷诺阿在暮年又一次创造了风景与人物浑然一体的绘画风格。

# III

## 烟火辉映
### 新印象派和后印象派的崛起
# MORE BRILLIANCE
The Emergence of Neo-Impressionism and Post-Impressionism

印象派面临着过于注重感官、流于肤浅的批评。基于素描和线条的学院派训练被认为与精神性挂钩，而对色彩和印象的强调，则似乎危险地将官能感受凌驾于理性之上。

事实上，在最初令人目眩的轰然绽放后，印象派的烟火正朝不同方向绽射光芒。新印象派的代表人物修拉和西涅克借鉴 19 世纪晚期的光学和色彩理论，以微小的原色点代替调色，创造出均质、冷静的点彩绘画风格。塞尚、高更和凡·高等后印象派画家则被认为代表着现代艺术的真正起点。其中，塞尚更被誉为"现代绘画之父"，以几何形体和颜色的冷暖对比塑造人物、风景或静物的立体和空间感。高更因其对异域文化的探索和弃商从艺的曲折经历闻名，在他的早年画作中，已流露出对远离都市喧嚣的渴盼。法国南部小镇阿尔勒的灿烂阳光和阳光下万物呈现的明快色彩则强烈地吸引着凡·高，他曾用"蓝色和黄色的交响乐"形容《向日葵》，而这曲交响乐也同样回荡于他绘就的阿尔勒风景之中。

Impressionism was critiqued for an excessive focus on the senses and a tendency towards superficiality. Traditional academic training, rooted in drawing and line work, was perceived as connected to the spiritual, while the emphasis on color and impression seemed to dangerously prioritize sensory experience over rational thought.

In reality, after its initial, dazzling explosion, Impressionism's influence began to radiate in various directions. Neo-Impressionist masters such as Seurat and Signac leveraged late 19th-century optical and color theories, employing tiny dots of primary colors instead of blended pigments to create a homogeneous, cool style known as pointillism. Post-Impressionist artists such as Cézanne, Gauguin, and Van Gogh are seen as marking the true inception of modern art. Cézanne, in particular, is revered as the "father of modern art," employing geometric forms and the interplay of warm and cool colors to convey the solidity and spatial depth of figures, landscapes, and still lifes. Gauguin is renowned for his exploration of exotic cultures and his unconventional journey from commerce to art, with his early works already hinting at a yearning to escape the urban clamor. The radiant sunlight and vivid hues of the small town of Arles in southern France captivated Van Gogh, who eloquently described his "Sunflowers" as a "symphony of blue and yellow," a musical theme that echoes through the Arlesian landscapes he painted in this period.

塞尚出生在法国南部普罗旺斯地区的艾克斯，家境富裕的他上中学时与后来成为著名作家的爱弥儿·左拉成为朋友，萌生了想成为艺术家的念头。进入大学后塞尚在法律系深造，但他并没有放弃当艺术家的梦想，于是进入巴黎的瑞士学院学习绘画。在巴黎，塞尚认识了毕沙罗、雷诺阿、莫奈和西斯莱。

*20*

保罗·塞尚
1839 年，艾克斯—1906 年，艾克斯

## 宗教场景

1860—1862 年｜布面油画｜27.5 厘米 × 22.2 厘米
POLA 美术馆藏

Paul Cézanne

Aix-en-Provence, 1839 — Aix-en-Provence, 1906

## Religious Scene

1860—1862 | Oil on canvas | 27.5 cm × 22.2 cm
POLA MUSEUM OF ART, 006-0353

　　这幅仿佛带着宗教仪式感的作品是塞尚 1861 年前后初到巴黎时创作的，体现了塞尚最早期的风格。画中描绘了三个光头男子在昏暗中面对着一个金光灿灿的巨大光源，高举双臂竖着食指的场景。他们围绕在这个似乎像是太阳的光源四周，仿佛在祈祷着什么。塞尚绘画生涯早期的十年左右被称为"浪漫主义时代"，此时的作品背景往往以黑色见多。本作中同样用深沉的黑色与鲜亮的光芒相对照，人物周围用蜿蜒的笔触将赭石、绿、黄参杂突出了四射的光芒，而头颅部分则用厚重的颜料表现出了质感。塞尚在巴黎学会了使用油画刀来增加厚重感，本作中的用笔技法很可能是塞尚对于突出厚重感的笔法技艺的一种研习。

## 21

保罗·塞尚

1839 年，艾克斯—1906 年，艾克斯

## 瓦兹河畔奥维尔镇的小屋

1872—1873 年 | 布面油画 | 72.3 厘米 × 59.3 厘米

POLA 美术馆藏

Paul Cézanne

Aix-en-Provence, 1839 — Aix-en-Provence, 1906

Cottages at Auvers-sur-Oise

1872—1873 | Oil on canvas | 72.3 cm × 59.3 cm

POLA MUSEUM OF ART, 016-0046

　　1872 年塞尚搬到了从巴黎向西 30 千米的瓦兹河畔奥维尔镇，在这里他的画风慢慢转向了印象主义。当时毕沙罗住在与其比邻的蓬图瓦兹，塞尚常常拜访毕沙罗，在他那里学习印象派的绘画技法。为了保证色彩的明亮，尽量防止色彩调和，艺术家们采用笔触分割法，即用笔触将原色重叠，从而使作品充满了光感。早期印象派的收藏家保罗·加歇医生的别墅也在奥维尔镇上，他也是一名业余画家，所以毕沙罗、塞尚等画家常常聚集在加歇医生周围，沉浸在艺术的海洋中。

　　在这个地方，塞尚创作了许多乡间小屋的风景画。他用具有节奏感的线与面组合在一起，描绘这些建造在美丽乡村中的错落有致的小屋，用造型来表现事物的数量与空间的关系。本作描绘了秋日里的风景，用曲线描绘出的蜿蜒小道使画面富于动感。这也是画家毕生钟爱的风景画题材，频繁出现在他的作品之中。

## 22

保罗・塞尚
1839 年，艾克斯—1906 年，艾克斯

# 四个浴女

1877—1878 年｜布面油画｜38.0 厘米 × 46.2 厘米
POLA 美术馆藏

Paul Cézanne

Aix-en-Provence, 1839 — Aix-en-Provence, 1906

## Four Women Bathers

1877—1878 | Oil on canvas | 38.0 cm × 46.2 cm
POLA MUSEUM OF ART, 002-0019

　　在茂密的深林中四个浴女相互顾盼，短促的斜线叠加而成的画面省略了对女子形象的详细描写。由于画面整体都使用了这种短促的斜线，女子们与前后的景物似乎融合在一起，失去了空间感，因此画面整体趋于平面化。画面两侧的树木构成了三角形的构图。塞尚的注意力集中在如何配比这些不同形态的人物位置才能够更好地体现群像感。

　　塞尚一生创作了大约三十幅这种描绘裸女群像的作品，也就是所谓的"浴女图"。他生命最后时光里创作的《大浴女》（1906年，美国费城艺术博物馆藏）描绘了 14 位裸女的形象，可谓其晚年的集大成之作。他从 19 世纪 70 年代后期开始创作这种四个浴女的版本，本作是其中一幅，他独有的笔触、技法与构图充满了整个画面。

　　塞尚"浴女图"中的裸女形象都来自前人的绘画与雕塑作品，他的注意力集中在整体的构图中，将前人作品中的人物形象微妙调整后放在了他自己的作品中。塞尚在卢浮宫悉心研究巨匠们的艺术作品，而将这些成果充分发挥的系列作品便是"浴女图"。

*23*

保罗·塞尚
1839 年，艾克斯—1906 年，艾克斯

## 糖缸、梨和桌布

1893—1894 年│布面油画│50.9 厘米 × 62.0 厘米
POLA 美术馆藏

Paul Cézanne
Aix-en-Provence, 1839 — Aix-en-Provence, 1906

### Sugar Bowl, Pears, and Tablecloth

1893—1894 | Oil on canvas | 50.9 cm × 62.0 cm
POLA MUSEUM OF ART, 006-0426

　　画面以白色糖罐为中心，四周摆放着梨、苹果和榅桲。几乎所有的物品都向着右下方倾斜的构图，给人以物品马上就会从桌上滚落下来的感觉，左侧的桌布恰到好处地平衡了画面的不稳定感，同时又成为影响到动感的存在。这种装饰性纹样的桌布频繁地出现在塞尚于 1892 年到 1895 年间创作的大约十幅静物画中。

　　本作是塞尚静物画作品中的一个典型模式，画面中描绘了摆放着各种物品的桌面，却看不到支撑桌面的桌脚。可能是因为没有画桌脚，也有可能是因为巴黎狭窄的居所也是画家的画室，他们往往会在箱子上放一块板，再将静物放在上面。不管怎样，在作品中承载景物的木板好像悬浮在画面中。并非忠实地描绘现实中的事物，而是打破了绘画世界中原有的秩序，形成一个新的世界，这是塞尚在静物画创作中，试着随心所欲地选择和摆放静物的极好的实践过程。

## 24

保罗·高更

1848 年，巴黎—1903 年，希瓦瓦岛阿图奥纳

# 蓬塔旺树下的母与子

1886 年 | 布面油画 | 93.0 厘米 × 73.1 厘米

中央下方署名、纪年：P. Gauguin 86

POLA 美术馆藏

Paul Gauguin

Paris, 1848 — Atuana, Hiva Oa Island, 1903

## Mother and Child Under a Tree at Pont-Aven

1886 | Oil on canvas | 93.0 cm × 73.1 cm

Signed and dated lower center: P. Gauguin 86

POLA MUSEUM OF ART, 006-0278

　　高更 1848 年生于巴黎，在秘鲁利马度过了幼年时代。结束了一段船员生涯之后，他在巴黎的证券交易所当经纪人，并开始学习绘画。1876 年他的作品成功入选巴黎沙龙展，并受毕沙罗之邀参加了印象派画展。

　　本作是 1886 年高更初到布列塔尼地区的蓬塔旺时所创作的作品。作品描绘了在茂密的绿色树林中身穿布列塔尼地区民族服装、戴着头饰的母子形象。高更完美地运用了从毕沙罗和塞尚那里学到的印象派绘画技法，笔触细腻多样，从不同的方向有序地重复叠加油彩来表现草木在微风中荡漾的感觉。这是画家在印象主义绘画风格与技法影响下不断摸索成长阶段的力作，奠定了高更后期综合主义画风的基础。后印象派的追随者纳比派代表画家保罗·塞律西埃 1888 年创作的《护身符》（法国奥赛博物馆藏）就是受到了高更的影响，描绘蓬塔旺风光的作品。

　　布列塔尼地区是法国最具异国情调的地方，在蓬塔旺的生活体验激发了高更对异国生活的渴望，他来到巴拿马、南美的马提尼克岛，后来又去了南太平洋的塔希提岛，在远离西方文化圈的地方从事绘画创作。1903 年他安眠在比塔希提岛更远的马克萨斯群岛中法属波利尼西亚的希瓦瓦岛上的阿图奥纳。

*25*

文森特·凡·高

1853 年，格鲁特·津德尔特—1890 年，奥维尔

# 维格伊拉运河上的格莱兹桥

1888 年 | 布面油画 | 46.8 厘米 × 51.3 厘米

左下方署名：Vincent

POLA 美术馆藏

Vincent van Gogh

Groot Zundert, 1853 — Auvers-sur-Oise, 1890

## The Gleize Bridge over the Vigueirat Canal

1888 | Oil on canvas | 46.8 cm × 51.3 cm

Signed lower left: Vincent

POLA MUSEUM OF ART, 002-0011

　　凡·高 1853 年出生在荷兰乡村津德尔特的牧师家庭。他想成为画商，后来又想当传道士，但是 1880 年之后他拿起画笔立志要成为画家。1886 年凡·高投奔当画商的弟弟提奥来到巴黎，受到了当时画坛流行的印象派和后印象派绘画艳丽色彩的感召。

　　1888 年 2 月，凡·高到达罗讷河畔的阿尔勒。这个历史悠久的乡村自古被视为桃花源，凡·高从阳光灿烂的乡村景色里发现了色彩的魅力，开始探究绘画中的色彩效果。本作与凡·高在阿尔勒时代的代表作品《阿尔勒的桥（朗格鲁瓦吊桥）》（荷兰库勒－慕勒博物馆藏）同期创作，都描绘了阿尔勒特有的风光，画中运河、桥梁及在河边洗衣服的女子等景物、构图都有相同之处。画中用蓝色描绘了天空和运河，用黄色描绘桥与河堤，河堤上长满了绿油油的青草，桥后的小树林则用红色和绿色点缀，凡·高运用了强烈的色彩对比描绘阳光灿烂、色彩丰富的法国南部风光。凡·高因为在阿尔勒与高更的共同生活发生破裂而用剃刀割下了自己的耳朵，之后他住进了圣雷米精神病院，在那里依然保持着旺盛的创作热情。1890 年他在瓦兹河畔奥维尔镇安息。

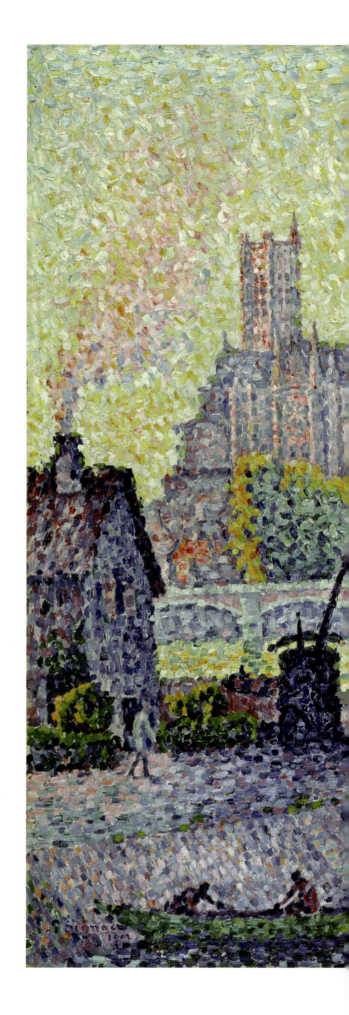

*26*

保罗·西涅克
1863 年，巴黎—1935 年，巴黎

## 欧塞尔之桥

1902 年 | 布面油画 | 73.2 厘米 × 92.2 厘米
左下方署名、纪年：P. Signac 1902
POLA 美术馆藏

Paul Signac

Paris, 1863 — Paris, 1935

### Bridge at Auxerre

1902 | Oil on canvas | 73.2 cm × 92.2 cm
Signed and dated lower left: P. Signac 1902
POLA MUSEUM OF ART, P08-0040

　　西涅克 1863 年生于巴黎的商人家庭，16 岁时参观了莫奈的个人画展受到感动，开始学习用印象派的绘画技法创作静物、风景等作品。1884 年他与修拉一起参加了第一届独立派沙龙展。修拉的参展作品《阿尼埃尔浴场》（约 1883 年，英国国家美术馆藏）中对于光和色彩之间的调和以及感官上的处理方法使西涅克很受感动，而西涅克鲜亮的色彩感又影响了修拉，他们一起热衷于用点彩法创作作品。

　　1891 年点彩法的创始者修拉突然离世，西涅克成了新印象派的第一人，他在《从欧仁·德拉克罗瓦到新印象主义》中阐述了点彩法理论。起初他沿用了修拉的笔法，用极小的纯色色点在画面上进行点彩，离开一定的距离观看作品时这些无数的小点便在视网膜上形成了特殊的调色效果。但是到 18 世纪末 19 世纪初时西涅克开始使用略大的圆点，本作就是这个时期的作品，这种笔触更加具有装饰性，有一种马赛克壁画的感觉。

　　本作是西涅克在法国勃艮第地区约讷省内的港口城市欧塞尔所创作的 3 件作品中的一幅。画中描绘了贯穿城中的约讷河畔的景色，桥对面左侧高耸的哥特式建筑是圣埃蒂安大教堂，右边的尖顶钟楼是圣日耳曼修道院。前景中桥上人来人往，堤坝上人们在悠闲地垂钓，河中小船荡漾。西涅克用蓝、紫等冷色调描绘了人们惬意的度假生活，对于波光粼粼的河面与背景中阳光下的建筑群，他则用明亮的色彩加以突出。

*27*

亨利·埃德蒙·克罗斯
1856 年，杜埃—1910 年，圣克莱尔

## 森林景色

1906—1907 年｜布面油画｜59.5 厘米 × 73.0 厘米
左下方署名：henri Edmond Cross
POLA 美术馆藏

Henri Edmond Cross
Douai, 1856 — Saint-Clair, 1910

### Forest Scene

1906—1907 | Oil on canvas | 59.5 cm × 73.0 cm
Signed lower left: henri Edmond Cross
POLA MUSEUM OF ART, 006-0532

　　克罗斯 1856 年出生在法兰西岛的杜埃，1881 年移居巴黎，
并参加了法兰西艺术家协会展。1884 年加入到独立派沙龙展的
筹建之后，他定期参展，此外还参加了布鲁塞尔的二十人画派。
1891 年加入到新印象派的行列，推进修拉创始的点彩法及科学色
彩论的研究。同年他移居法国南部的圣克莱尔，一边研究光线与
色彩的关系，一边描绘明快的地中海沿岸风景。

　　克罗斯在修拉去世之后与西涅克一起成为第二代新印象主
义的代表，不断地推进对分割法理论的研究和实践。本作中他将
几乎相同大小但不同基调的绿色和紫色圆点有规则地在画面上布
局，阳光洒落在森林深处由远至近的树林上，完美地表现了光与
影的相互辉映。1891 年克罗斯移居圣克莱尔，在地中海沿岸这个
阳光明媚的地方，宁静美丽且充满阳光，所有这一切都触发了画
家的创作欲望。1906 年到 1907 年间克罗斯创作的风景画作品虽
然以在林中戏耍的裸女主题居多，但是本作中作者描绘了一头山
羊悠闲地在林中吃草的画面，在这样一派寂静的森林中仿佛让人
感受到了牧歌的诗情画意。

## 28

奥迪隆•雷东

*1840 年，波尔多—1916 年，巴黎*

# 伊卡洛斯

约 1890 年│纸面油画│52.1 厘米 × 38.1 厘米

右下方署名：ODILON REDON

POLA 美术馆藏

Odilon Redon

Bordeaux, 1840 — Paris, 1916

Icarus

ca. 1890 | Oil on paper mounted on canvas | 52.1 cm × 38.1 cm

Signed lower right: ODILON REDON

POLA MUSEUM OF ART, 997-0072

    雷东 1840 年出生之后就被送到波尔多郊外的村庄佩雷莱巴德，寄养在他的叔父那里，度过了孤独的少年时代。15 岁时他在斯坦尼斯拉斯•戈兰那里学习素描，由于斯坦尼斯拉斯•戈兰是浪漫主义画家欧仁•德拉克罗瓦的追随者，所以雷东在他那里接受到浪漫主义艺术观念的熏陶。1860 年左右雷东结识了植物学家阿曼德•克拉沃，开始对哲学、文学和生命的神秘性产生了浓厚的兴趣。1864 年怀揣着成为画家的梦想，他来到巴黎在学院派画家让•莱昂•杰罗姆的画室里学习，但是他只在那里待了几个月就回到了家乡。这时候他又遇到了版画家鲁道夫•布雷斯丹，雷东不仅学会了版画的技艺还开始描绘从现实生活中萌发的幻想世界。他制作了以死亡等奇怪的幻想为主题的黑白版画，又与象征主义诗人和文学家们结下了友谊。1890 年起他用色粉画的形式描绘颜色丰富且带有幻想色彩的花卉、人物和神话中的世界。

    画面中带着鲜艳朱红色翅膀的人物，对天双手高举供品。根据丹尼尔•文登森编纂的作品全集中的记载，本作是"伊卡洛斯，或者是献给神灵的供奉"。希腊神话中伊卡洛斯装上用蜡和羽毛做成的翅膀飞上天空，因为接近太阳而掉进了大海，但作品中除了翅膀与这个悲剧有关便再也没有任何相关的景物了。本作原是 19 世纪 60 年代雷东学习学院派绘画时所画的素描，时隔三十年后雷东又在画面上用油彩画上了背景和翅膀。所以可以认为本作并非是以神话为主题的作品，而是雷东创作的许多带翅膀的人物画中的一幅。

29

奥迪隆 • 雷东
1840 年，波尔多—1916 年，巴黎

## 阿波罗的战车

1907 年｜布面油画｜65.3 厘米 × 81.1 厘米
右下方署名：ODILON REDON
POLA 美术馆藏

Odilon Redon
Bordeaux, 1840 — Paris, 1916

### The Chariot of Apollo

1907 | Oil on canvas | 65.3 cm × 81.1 cm
Signed lower right: ODILON REDON
POLA MUSEUM OF ART, 002-0067

  雷东留下了许多神话题材的作品，本作参照了德拉克罗瓦描绘在卢浮宫"阿波罗长廊"的天顶画而作。他在 1905 年之后常常用油彩和色粉创作以"阿波罗的战车"为主题的作品。

  阿波罗是希腊奥林匹斯十二主神之一，是宙斯与黑暗女神勒托的儿子，阿耳忒弥斯的孪生弟弟。但是后来阿波罗常常与驾驶凯旋战车翱翔在天空的太阳神赫利俄斯混淆甚至混同。本作中阿波罗的驷马战车在空中腾云驾雾，四匹金色的战马与阿波罗和战车呈扇形展开，一起冲向一望无际的宇宙。这种飞翔在天空的场面是雷东作品中的重要题材。

## 30

皮埃尔·博纳尔

1867，丰特奈 - 欧罗斯—1947，莱卡纳

# 莱卡纳的风景

1924 年│布面油画│35.9 厘米 × 48.1 厘米

右下方中间靠右署名：Bonnard

POLA 美术馆藏

Pierre Bonnard

Fontenay-aux-Roses, 1867 — Le Cannet, 1947

## View of Le Cannet

1924 | Oil on canvas | 35.9 cm × 48.1 cm

Signed lower center right: Bonnard

POLA MUSEUM OF ART, 006-0317

　　博纳尔 1867 年出生在丰特奈 - 欧罗斯的军人家庭，到巴黎后在朱利安学院学习。他的画室在蒙马特附近，1888 年加入以高更的绘画思想为基础而结成的纳比派（预言者）社团，与保罗·塞律西埃、爱德华·维亚尔、莫里斯·德尼交往密切。他们是日本浮世绘的爱好者，又被称为"陶醉日本的纳比派"，善于运用色彩和构图，在宣传画和装饰艺术方面崭露头角，常常在法国南部，用明快的色彩描绘在那里悠闲度假的家庭与风景。

　　博纳尔从 1922 年 4 月开始，定期到访地中海之滨依偎在青山脚下的戛纳附近小镇莱卡纳。1927 年他搬到莱卡纳位于半山腰的维多利亚街居住，本作应是他搬到莱卡纳居住以后的作品。前景的树木、中景的红色屋顶和房子、远景的地中海和天空，就是从小镇北侧连绵山峦的中部面向大海俯瞰镇上老街的风景。

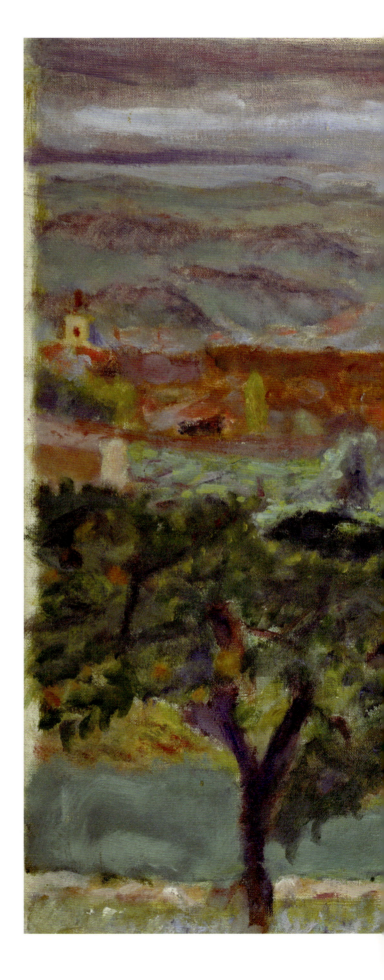

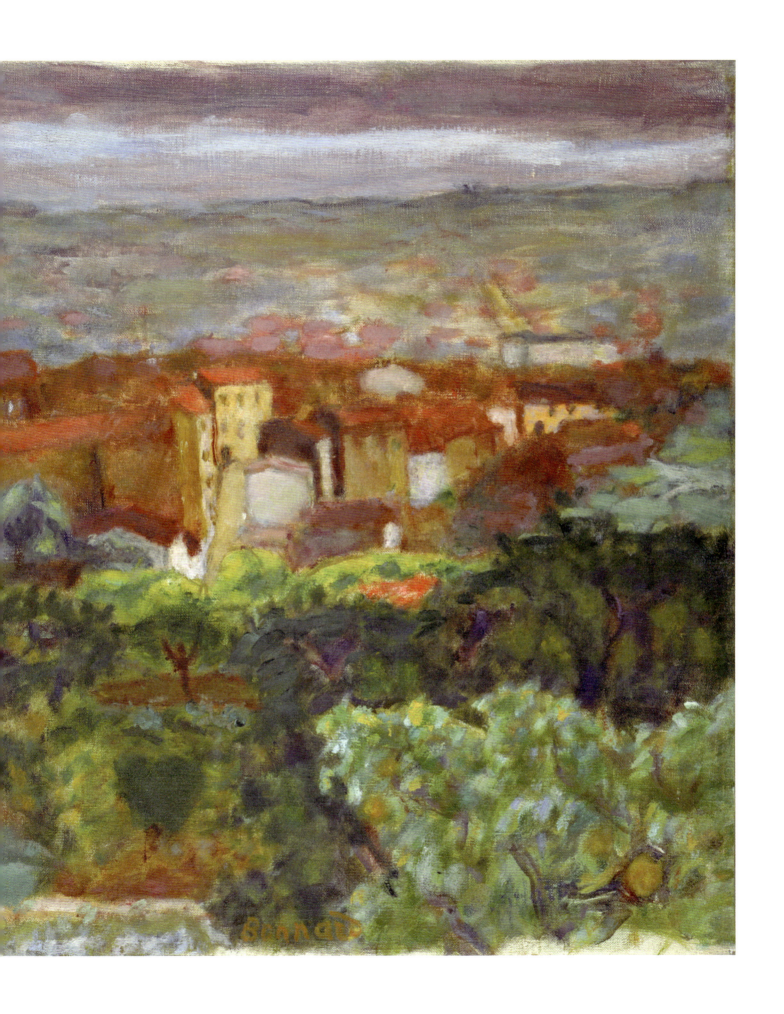

*31*

皮埃尔·博纳尔

1867，丰特奈－欧罗斯—1947，莱卡纳

# 白衣少女

1942—1945 年｜布面油画｜64.5 厘米 × 54.0 厘米

右下方署名：Bonnard

POLA 美术馆藏

Pierre Bonnard

Fontenay-aux-Roses, 1867 — Le Cannet, 1947

## Girl in White Dress

1942—1945 | Oil on canvas | 64.5 cm × 54.0 cm

Signed lower right: Bonnard

POLA MUSEUM OF ART, 997-0045

　　博纳尔在莱卡纳的家中度过了晚年，妻子去世后他常常闷闷不乐，几乎足不出户。这幅肖像画中的人物是在博纳尔最后的岁月里服侍他的保姆穆奇。1940 年由于战争的影响，博纳尔的生活发生了很大变化，也影响到他作品的主题内容。20 世纪 40 年代他几乎没有画过女子的肖像，画的最多的是充满凄凉与孤独感的自画像。本作具有博纳尔晚年肖像画的风格特征，肩膀和手臂线条被大胆地变形，人物与背景用柔和的线条描绘，使作品整体呈现统一感。人物脸部使用橙色和蓝色调和，并将这两种颜色点缀在墙壁、靠垫等几乎整个画面中，达到人物与周围色彩的呼应效果。

IV

霓虹照夜

印象派之后的现代主义艺术

**LEGACY OF LIGHT**

Modern Art After Impressionism

什么是"现代"？现代指示着当下，指示着与过往全然不同的事物，而现代艺术则可被视为一种对现代或现代性的回应。舞会、马戏、歌剧、咖啡馆、博览会、林荫大道……种种现代生活的景观塑造着画家的表现主题，乃至他们观看和再现这个世界的方式。

我们很难想象一双 19 世纪的眼睛初见塞尚作品时的震惊，但无论如何，在印象派之后，艺术的面貌已与过去大异其趣，一如电弧灯代替煤气灯和油灯照亮了彼时的巴黎，将其转变为一座不夜之城。野兽派艺术家早期受到凡·高鲜明用色和高更原始趣味的巨大影响，这在弗拉芒克的作品中得到彰显；而马蒂斯的晚期肖像画则宣告他终于完全形成了自己独到的构图和色彩语言。布拉克和毕加索沿着塞尚的探索路径继续前进，如外科医生般分析和拆解寻常的元素和人物肖像，将其组合为需要观众重新思忖的对象。至此，绘画终于第一次不再追求"再现"真实，而是画家"表现"物象的载体。

What constitutes the "modern"? The term signifies the present, denoting a departure from all that has come before, with modern art serving as a reflection on the contemporary or the essence of modernity. The ballroom, the circus, the opera, the café, the exposition, the boulevard—such spectacles of modern living sculpt the subjects of painters and inform their perspectives on and renditions of the world.

It is challenging to conceive the astonishment that a 19th-century viewer might have felt upon encountering Cézanne's works for the first time, but regardless, the visage of art Post-Impressionism was radically distinct from its predecessors, much like how electric arc lamps supplanted gas and oil lamps to cast new light on Paris, turning it into a city that never sleeps. Early Fauvist artists were profoundly influenced by Van Gogh's bold color palette and Gauguin's primal aesthetics. Such influences are prominently displayed in Vlaminck's contributions to this section. Meanwhile, Matisse's later portraits declare his ultimate development of a distinctive compositional and chromatic language. Braque and Picasso have advanced along the exploratory path blazed by Cézanne, dissecting and deconstructing everyday elements and portraits with the precision of surgeons, reassembling them into forms for viewers to understand again. Here, painting has ceased its pursuit of "reproducing" reality and transformed into a vehicle for artists to "express" their interpretations of the world.

*32*

莫里斯・德・弗拉芒克
1876 年，巴黎—1958 年，吕埃伊－拉加德利耶尔

# 沙图

约 1906 年｜布面油画｜65.4 厘米 × 81.1 厘米
左下方署名：Vlaminck
POLA 美术馆藏

Maurice de Vlaminck
Paris, 1876 — Rueil-la-Gadelière, 1958

## Chatou

ca. 1906 | Oil on canvas | 65.4 cm × 81.1 cm
Signed lower left: Vlaminck
POLA MUSEUM OF ART, 006-0436

    弗拉芒克出生在巴黎的一个音乐世家，他一边当小提琴手，一边活跃在自行车竞技场上，1893 年起他又开始绘画创作。

    1900 年弗拉芒克搬到巴黎近郊，塞纳河畔的沙图，在火车上结识了在沙图出生的安德烈・德兰。他们在桥附近找了个地方作为共同的画室，开始描绘塞纳河上的小岛——沙图岛和两岸的风景，所以他和德兰又被称为"沙图派"。1905 年参加秋季沙龙展的弗拉芒克等画家受到了严厉的批判，展厅被讽刺为"野兽的笼子"，"野兽派"的称呼也因此诞生。1907 年以后，弗拉芒克确立了他作为画家的名气，他的风景画作品用笔飞舞、画风豪爽。本作创作于 1906 年前后，河对面一排排红顶小屋和画面两侧的绿树组成了稳定的构图。此时他正研究塞尚的绘画，在野兽派明快的色彩上增添了前所未有的透明感。他以奔放的笔触，运用明亮的红、绿、蓝和清澄的白色描绘了塞纳河畔的风景。

*33*

亨利·马蒂斯

1869 年，勒卡托 – 康布雷齐—1954 年，尼斯

# 戴围巾的女子

1936 年｜布面油画｜45.9 厘米 × 32.8 厘米

左下方署名、纪年：Henri-Matisse 36

POLA 美术馆藏

Henri Matisse

Le Cateau-Cambrésis, 1869 — Nice, 1954

Woman with a Scarf

1936 | Oil on canvas | 45.9 cm × 32.8 cm

Signed and dated lower left: Henri-Matisse 36

POLA MUSEUM OF ART, 002-0055

马蒂斯最初想学习法律，30 岁时才立志当画家，来到巴黎高等美术学院老师古斯塔夫·莫罗那里学习。起初他采用西涅克等新印象主义的点彩技法，后来对这种理智的绘画理论产生了疑问，便与弗拉芒克、德兰、马尔凯等一起创建了新的色彩理论，不被事物本身固有的色彩所局限，在创作时采用鲜艳的色彩来表现这些事物。在 1905 年的秋季沙龙展上，他们的作品被视为野兽般的表现风格。

马蒂斯毕生喜爱描绘女子形象，不断地探究且创造了各种不同风格的肖像画。本作描绘一位悠闲倚靠在座椅上的黑发红唇女子，双手微微交叉搭在腿上。背景大胆地以雪青、明黄两种大色块拼合后用黑色格子统一而成，女子围巾的纹样又与背景的几何图形相呼应，使画面产生节奏感的同时又突出了相互的特征。画面中看似即兴随意的黑色网格恰到好处地减弱了紧迫感，增强了洒脱的气氛。色彩与线条，安定与活跃，各种要素在画中交织，组成了一个和谐稳定的画面。

*34*

亨利·马蒂斯

1869 年，勒卡托－康布雷齐—1954 年，尼斯

# 中国花瓶

1922 年｜布面油画｜34.0 厘米 × 55.0 厘米

右下方署名：Henri-Matisse

POLA 美术馆藏

Henri Matisse

Le Cateau-Cambrésis, 1869 — Nice, 1954

## Chinese Vase

1922 | Oil on canvas | 34.0 cm × 55.0 cm

Signed lower right: Henri-Matisse

POLA MUSEUM OF ART, 997-0047

　　一位女子伏在桌上读书，身边摆着一只中国风格的花瓶，瓶中插着红色的鲜花，桌上铺着色彩鲜艳的横条纹桌布。背景的隔扇上，马蒂斯用简洁的笔触描绘了紫色花朵纹样，与前景中用笔有力的鲜花形成了对照。女子手撑额头正在安静地阅读，是马蒂斯作品中描绘女子室内生活的典型风格。

*35*

阿尔贝·马尔凯

*1875 年，波尔多—1947 年，巴黎*

# 巴黎冬日的阳光

1904 年 | 布面油画 | 32.9 厘米 × 41.0 厘米

左下方署名：marquet

POLA 美术馆藏

Albert Marquet

Bordeaux, 1875 — Paris, 1947

## Winter Sun, Paris

1904 | Oil on canvas | 32.9 cm × 41.0 cm

Signed lower left: marquet

POLA MUSEUM OF ART, 997-0053

　　马尔凯出生于波尔多一个铁路员工的家庭，1890 年他到巴黎的美术设计学校学习后，在巴黎高等美术学院与马蒂斯一起在古斯塔夫·莫罗的画室里学习。1905 年他也参加了秋季沙龙展，并成为野兽派的一员。

　　马尔凯的妻子曾经说："马尔凯总是在画塞纳河畔的风景，他在河边寻找住处并用一生描绘窗外塞纳河畔的景色。"马尔凯的确一生都在描绘塞纳河上的新桥和对岸巴黎的街道。本作创作于 1904 年，那时马尔凯总是和莫罗画室的同学马蒂斯、芒更等人结伴到卢浮宫临摹画作。卢浮宫是马尔凯当时最熟悉的地方，所以这幅作品可能就是从卢浮宫眺望塞纳河的冬日景色。荣军院的穹顶上方即将落山的绿色太阳绽放着金色的光芒，落日映照下的温暖画面中，前景的树木形态表明了画家是从高处描绘夕阳下的巴黎。

36

阿尔贝·马尔凯

1875 年，波尔多—1947 年，巴黎

## 滨海布洛涅港

1930 年｜布面油画｜65.0 厘米 × 81.0 厘米

左下方署名：marquet

POLA 美术馆藏

Albert Marquet

Bordeaux, 1875 — Paris, 1947

View of the Port at Boulogne-sur-Mer

1930 | Oil on canvas | 65.0 cm × 81.0 cm

Signed lower left: marquet

POLA MUSEUM OF ART, 997-0052

　　马尔凯慢慢地脱离了野兽派画家那种富于激情的色彩，开始以灰色为基调并采用温和的色彩与简略的线条作画，渐渐确立了自己的风格，并从高处俯瞰港口和河边的景色，通过描绘大气中的雾气来处理画面的空间感。除了法国国内，他还到欧洲各国、中东和非洲北部旅行，用简洁的笔触、独特的灰色调以及中间色这些温和的色彩和俯瞰的构图，创作了一系列描绘港口和河畔景色的风景画。

　　本作所描绘的是靠近比利时边境、面向英吉利海峡的布洛涅港的景色，这里早在 18 世纪就有了海滨浴场，是法国最早的海滨浴场之一，1848 年铁路开通之后成了著名的避暑胜地。1930 年马尔凯住到码头附近，描绘港口的风景。作品中，他在描绘停靠在码头边的船只的同时加上了冒烟驶过的蒸汽火车，完美地增强了画面的动感。

## 37

凯斯·凡·东根
1877 年，德夫哈芬—1968 年，蒙特卡洛

# 通往荣军院的街道

1922 年｜布面油画｜81.9 厘米 × 100.8 厘米
右下方署名：van Dongen
POLA 美术馆藏

Kees van Dongen

Delfshaven, 1877 — Monte-Carlo, 1968

## Road to the Invalide

1922 | Oil on canvas | 81.9 cm × 100.8 cm
Signed lower right: van Dongen
POLA MUSEUM OF ART, 002-0027

　　东根起初在阿姆斯特丹画插画，1897 年从荷兰到巴黎，住在蒙马特的浣衣舫，与毕加索等一批放荡不羁的艺术家交往密切。1905 年与马蒂斯等一起参加了秋季沙龙展，被视作野兽派的一员。1910 年前后，他开始用大胆的笔触和强烈的色彩描绘城市的夜生活场景和裸女形象。

　　20 世纪 20 年代东根描绘巴黎名胜的作品获得了广泛的好评，成为巴黎画派的代表画家。本作描绘的是从克莱蒙梭广场隔着壮丽的亚历山大三世桥看到的通往荣军院大道的景色。荣军院位于塞纳河左岸，内有拿破仑的墓地。作品构图左右对称，画面中央是雨后漂浮着云朵的天空，右侧是为 1900 年巴黎世博会建造的巴黎大皇宫，左侧是小皇宫博物馆。在巴黎的历史建筑前行驶着当时刚刚出现的汽车，描绘了一派走向现代的繁华景象。

*38*

凯斯·凡·东根

1877 年，德夫哈芬—1968 年，蒙特卡洛

# 杜维尔的诺曼底大酒店

1925 年 | 布面油画 | 46.2 厘米 × 38.4 厘米

左上方署名：van Dongen

POLA 美术馆藏

Kees van Dongen

Delfshaven, 1877 — Monte-Carlo, 1968

## The Normandy Hotel at Deauville

1925 | Oil on canvas | 46.2 cm × 38.4 cm

Signed upper left: van Dongen

POLA MUSEUM OF ART, 016-0017

　　20 世纪 20 年代东根到戛纳、杜维尔、威尼斯、巴黎等地旅行。本作描绘的是于 1921 年落成的，当时法国最豪华的诺曼底大酒店的内部场景。同年该酒店旁边还建造了一个赌场。1913 年东根就曾经与家人一起到过杜维尔，他很喜欢这个地方，之后便常常来这里，为巴黎社交界的名人画像，同时也描绘一些夜晚的风俗场景。画中两根大圆柱强调了酒店吊顶的高度，与坐在椅子上的时髦男女和站在一边的服务生在大小比例上形成反差。东根对于细部描写大多使用细腻的色彩，整体用笔洒脱，描绘了度假胜地的华丽气氛。

*39*

拉乌尔·杜菲
1877 年，勒阿弗尔—1953 年，福卡尔基耶

## 杜维尔的赛马场

1935—1940 年｜布面油画｜65.2 厘米 × 80.9 厘米
右下方署名：Raoul Dufy
POLA 美术馆藏

Raoul Dufy

Le Havre, 1877 — Forcalquier, 1953

### Racecourse at Deauville

1935—1940 | Oil on canvas | 65.2 cm × 80.9 cm
Signed lower right: Raoul Dufy
POLA MUSEUM OF ART, 002-0023

　　杜菲 1900 年到巴黎高等美术学院学习，在 1905 年秋季沙龙展上看到了马蒂斯的作品后有所触动，开始使用亮丽的色彩。20 世纪 10 年代杜菲正式开始制作版画，同时从事布料设计，与服装设计师保罗·波烈开展合作，活跃在装饰艺术领域。1912 年前后受塞尚的影响，用带着音乐节奏般的轻快线条，具有透明感的明亮色彩确立了他的画风，热衷于描绘音乐演奏会等娱乐场所的风光。1937 年他在巴黎世博会的电器馆里创作了宽 60 米的壁画《电仙女》（法国巴黎现代艺术博物馆藏），一生留下了不少具有历史意义的作品。

　　杜维尔是法国北部诺曼底地区的度假胜地，喜欢赛马的莫尔尼公爵在这里主持建造了赛马场，当时赛马场是上流社会的社交场所。杜菲在 1930 年以后创作了许多以雅士谷赛马场、叶森赛马场和杜维尔赛马场为题材的作品。本作描绘了杜维尔赛马场欢乐活跃的场景，赛马在跑道上欢快地奔跑，骑手牵着马正在等待出场，巧妙地传递出赛道上的紧张感，而明快的色彩则烘托了赛场上的雀跃气氛。围栏和背景中绿色的树林、蓝色的天空与街市，画面两侧的紫色和黄色等，画家用亮丽的色彩、大胆地涂抹形成了一组色彩的交响组合，突出了欢快明亮的画面效果。这种用笔洒脱、色彩鲜亮的效果是杜菲作品独有的风格。

Raoul Dufy

## 40

拉乌尔·杜菲

1877 年，勒阿弗尔—1953 年，福卡尔基耶

# 巴黎

1937 年｜布面油画｜四扇各 190.0 厘米 × 49.8 厘米

中间下方署名、纪年：Raoul Dufy 1937

POLA 美术馆藏

Raoul Dufy

Le Havre, 1877 — Forcalquier, 1953

## Paris

1937 | Oil on canvas | four panels: each panel, 190.0 cm × 49.8 cm

Signed and dated lower center: Raoul Dufy 1937

POLA MUSEUM OF ART, 002-0022

　　1925 年巴黎高等美术学院请杜菲创作一系列以巴黎为主题的椅子等家具类装饰品，其中也包括屏风。他在博韦的挂毯工厂的协助下制作了有把手的椅子和沙发等，并在各种椅子的椅背上画了埃菲尔铁塔、凯旋门等象征巴黎的历史性建筑。到 1936 年杜菲一共悉心打造了十把这样别具匠心的椅子，在这期间他还在织物和屏风上制作大画面的俯瞰巴黎的工艺品。

　　本作创作于 1937 年，同样也是用屏风的形式表现俯瞰巴黎的作品。画面中同时出现了月亮和太阳，蓝色调表现夜晚，黄色调体现阳光。前景中的蓝色波纹代表了流淌在埃菲尔铁塔脚下的塞纳河，中景用紫和粉混合的色带烘托出巴黎屋脊林立的繁华街道，且用亮丽的对比色突出了具有代表性的历史建筑。前景中四朵硕大的玫瑰是杜菲常用的景物，巧妙地将时间和空间组合在一起，为繁华的艺术之都巴黎的形象增添华彩。

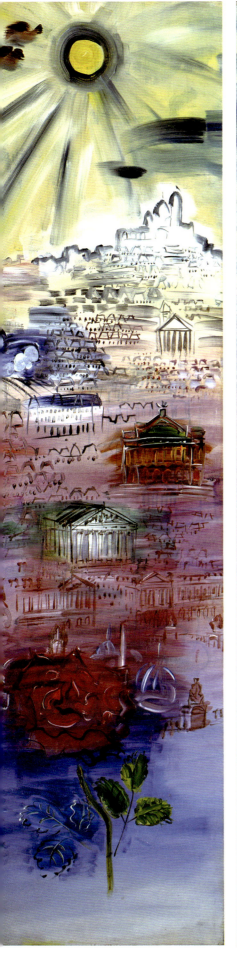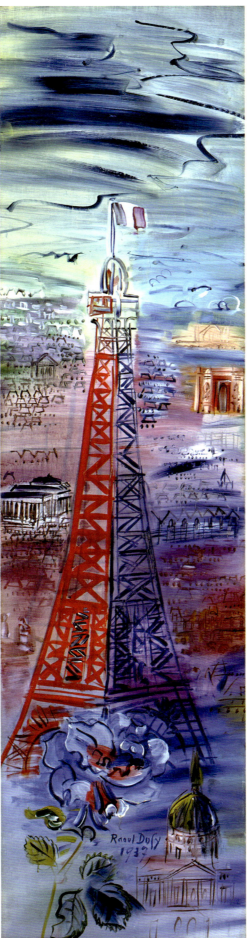

## 41

乔治·布拉克
1882 年，阿让特伊—1963 年，巴黎

# 埃斯塔克的小屋

1907 年｜布面油画｜60.3 厘米 × 49.3 厘米
右下方署名、纪年：G.Braque 07
POLA 美术馆藏

Georges Braque
Argenteuil, 1882 — Paris, 1963

## Houses at l'Estaque

1907｜Oil on canvas｜60.3 cm × 49.3 cm
Signed and dated lower right: G.Braque 07
POLA MUSEUM OF ART, 006-0270

    布拉克出生在巴黎近郊的阿让特伊，在镇上的美术学校学习了室内装饰后于 1900 年来到巴黎，在子贝尔学院学习。起初他一边学习塞尚的作品和野兽派画家们的色彩与造型，一边摸索自己的表现风格。1907 年他看到了毕加索的《阿维尼翁的少女》（美国纽约现代艺术博物馆藏）后深有感触，改变了艺术创作观念，开始把风景结合到几何体当中来创作。这些作品被艺术评论家路易·沃克塞尔称作"立方体"，因此也有了"立体派"的称呼，他与毕加索一起展开了一场造型革命的竞演。

    布拉克 1906 年到法国南部的港口小镇埃斯塔克，并在那里居住了三年，期间创作了许多风景画作品。布拉克之所以选择这个小镇，是因为他敬爱的塞尚曾经于 19 世纪七八十年代在此创作了许多风景画。从作品中能够看到布拉克认真学习了塞尚作品的风格特征，前景中的树木与背景中的村落构成的三角型构图就能让人联想起塞尚的作品。布拉克后来谈到塞尚的画法时曾经这样说："我努力地试着表现雨后清新的感觉。"布拉克在作品中试图创建自己的色彩感，吸收了印象派画家们对于光和景物间关系的处理方法，用线条勾勒住厚实的橙色、玫瑰色的色块，在白、紫、黄色的天空中仿佛出现了一道彩虹。

*42*

乔治·布拉克

1882 年，阿让特伊—1963 年，巴黎

## 玫瑰色背景的吉他静物

1935 年 | 布面油画 | 81.0 厘米 × 116.0 厘米

右下方署名、纪年：G.Braque 35

POLA 美术馆藏

Georges Braque

Argenteuil, 1882 — Paris, 1963

## Still Life with Guitar (Rose Background)

1935 | Oil on canvas | 81.0 cm × 116.0 cm

Signed and dated lower right: G.Braque 35

POLA MUSEUM OF ART, 006-0269

    布拉克在第一次世界大战中被征兵并在战场上负伤。他开始重视色彩效果与画面之间的感觉，1918 年前后创作了不少静物画作品，这些静物画几乎没有对进深的表现。

    作品中央的圆形大桌看上去高高翘起，在视觉上与画面构成一个平面，而且忽视了桌子与地板、墙壁之间的空间感，这种表现方法与塞尚的静物画有相似之处。他用简洁而富有表现力的线条勾勒出吉他、瓶子和水果等景物的形状，突出它们的存在感，在大小不一色块的组织和拼合上又下了极大的功夫。作品超越了单纯的静物画表现方法，充满了色彩的节奏，以温和的玫瑰色为基调加以红、黑等饱满的色彩，使它们在画面中达到相互作用的效果，绿和黄色又起到了点缀。布拉克还使用二维空间中的线描手法减弱了色彩本身的效果。

*43*

巴勃罗·毕加索

1881 年，马拉加—1973 年，穆然

# 戴葡萄装饰帽的女孩头像

1913 年 ｜ 布面油画 ｜ 55.0 厘米 × 46.1 厘米

背面署名：Picasso

POLA 美术馆藏

Pablo Picasso

Málaga, 1881 — Mougins, 1973

## Head of a Girl in a Hat Decorated with Grapes

1913 ｜ Oil on canvas ｜ 55.0 cm × 46.1 cm

Signed verso: Picasso

POLA MUSEUM OF ART, 006-0327

　　毕加索出生在西班牙南部的港口城市马拉加，父亲是美术老师，他幼年时就展现了绘画的才能。后来全家搬到巴塞罗那，在 19 世纪末的艺术氛围中度过了青年时代。1900 年毕加索第一次到巴黎，以蓝色为基调为穷人作画，开始了他的"蓝色时代"。之后他移居巴黎，用暖色调描绘马戏团等主题的作品，打开了他的"玫瑰色时代"，此后他从各种不同的视角把几何图形组合成各种画面，与布拉克一起创立了"立体画派"。

　　本作以毕加索的恋人艾娃·古埃尔为模特，是将女子的头部、弦乐器及扑克牌等组合在一起的肖像画。画面中央的眼睛和周围模仿木纹板块相拼合，且使用了"障眼法"。画面整体让人感觉是用白色、褐色和黑色的木板重叠在一起的样子，富有较强的立体感。

　　毕加索原本想用弦乐器作为素材来构思一幅静物画，但是在创作过程中他去掉了弦，画上了眼睛、嘴唇、长波浪的头发和葡萄，女子颈部似乎戴着毛皮纹样的装饰，因此使作品变成了女子的肖像。画中各种道具混合在一起，虽然是一幅平面的作品，但在视觉上它似乎是立体的，而且具有现实事物的质感。这样的创作是立体派在探究中试着抹去事物本来面目的同时，又将它们的现实感官与存在意义唤起在画面当中，是他们走向"综合立体主义"的第一步。

**44**

巴勃罗·毕加索

1881 年，马拉加—1973 年，穆然

## 报纸、玻璃杯和烟盒

1921 年｜布面油画｜30.0 厘米 × 56.1 厘米

左下方署名：Picasso

POLA 美术馆藏

Pablo Picasso

Málaga, 1881 — Mougins, 1973

## Newspaper, Glass and Packet of Tobacco

1921 | Oil on canvas | 30.0 cm × 56.1 cm

Signed lower left: Picasso

POLA MUSEUM OF ART, 006-0326

在褐色与黑色的桌子上，"JOURNAL"字样的报纸、白色的杯子、蓝色的烟盒被组合在一起，各种物品都画在米色的背景上，用直线勾勒出它们的轮廓，整个画面给人以平面的感觉。杯子和烟盒组合的图案里有意识地留下一块空白，目的是让人感觉这些东西仿佛是粘在画上面的，给人以粘贴画的感觉。注意观察报纸和杯子，不难发现画面深处本该画短的这一画却比近处的那笔要长，这显然违反了远近法的法则，让画面空间产生了错综之感。作品看似简洁，但是毕加索对绘画的平面性、真实感、错觉、本质等的探究和实验都集中在了里面。

*45*

巴勃罗·毕加索

1881 年，马拉加—1973 年，穆然

# 卖花女

1937 年｜布面油画｜80.9 厘米 × 65.1 厘米

左下方署名、纪年：Picasso 37

POLA 美术馆藏

Pablo Picasso

Málaga, 1881 — Mougins, 1973

## Flower Seller

1937 | Oil on canvas | 80.9 cm × 65.1 cm

Signed and dated lower left: Picasso 37

POLA MUSEUM OF ART, P08-0036

　　1937 年 4 月，西班牙北部小镇格尔尼卡被无差别轰炸，毕加索对这个悲剧的发生极其愤怒，为此他创作了《格尔尼卡》（西班牙索菲亚王后国家艺术中心博物馆托管）。本作是毕加索在同年夏天与他的朋友诗人保尔·艾吕雅及其妻子努什等，一起到法国南部的穆然度假时创作的。作品与《格尔尼卡》不同，采用了鲜艳的色彩。

　　作品中努什是头戴草帽、身披披肩的卖花女形象。画面左上方菱形的太阳绽放着金色的光芒，释放出强烈的阳光照耀着周边，草帽的红色影子似乎在诉说着天气的炎热。努什的脸和身体用蓝色、粉色、黄色这些鲜艳的色彩，分成单纯的几何形，像是粘贴画一样可以自由地分开，然后再组合在一起的感觉。毕加索就是在这种轻快的氛围中描绘着自己的好友，同时又完成了他在造型上的冒险。

# V

## 复调回响
西方绘画在东方
### ECHOES
Western-Style Painting in the East

以法国为主要阵地的印象派也为其后整个欧美的现代主义艺术运动唱响了先声，然而，其在地理和文化意义上的流布远不止于此。艺术史在阐述印象派的风格形成时常谈及浮世绘等东方艺术之功，但艺术间的对话如复调旋律交织追逐，以印象派为代表的西方绘画，也反过来塑造着 19 世纪末至 20 世纪上半叶以中国和日本为代表的亚洲艺坛。

黑田清辉最早于日本开设人体写生课程，堪称西方绘画在日本发展的奠基人。王悦之、陈抱一等中国艺术家曲径通幽，在日本接触到西画技巧和基于西画训练的美术教学体系，并将其带回中国推广。刘海粟、佐伯祐三、常玉、潘玉良等亚洲画家均曾远赴巴黎，为方兴未艾的现代主义派对增添了来自东方的声部。同莫奈一样，刘海粟为被光泼洒的巴黎圣母院深深震撼；从佐伯祐三粗犷的笔触中，可见来自弗拉芒克的影响；常、潘二人受马蒂斯陶染颇多，但对线条的纯熟把控和构图中时常得见的留白，依然透露出中国传统绘画的意境与气息。

Impressionism, with France as its epicenter, set the stage for the entire modernist art movement across Europe and America. Yet its geographical and cultural reach extended well beyond these shores. While art historians often acknowledge the influence of Eastern arts such as Ukiyo-e on the stylistic evolution of Impressionism, the conversation between arts, much like interwoven polyphonic melodies, meant that Western painting, epitomized by Impressionism, reciprocally sculpted the Asian art scene from the late 19th to the first half of the 20th century, with China and Japan at the forefront.

Kuroda Seiki, who pioneered life drawing classes in Japan, is regarded as a foundational figure in the establishment of Western-style painting in Japan. Chinese artists such as Wang Yuezhi and Chen Baoyi ventured to Japan to immerse themselves in Western-style painting techniques and art education frameworks rooted in Western training, later introducing these methods to their home country. Asian painters including Liu Haisu, Saeki Yuzo, Sanyu (a.k.a. Chang Yu), and Pan Yuliang journeyed to Paris, contributing an Eastern dimension to the flourishing modernist movement. Liu, akin to Monet, is profoundly moved by the Notre-Dame Cathedral awash in light; Saeki's robust brushwork channels the influence of Vlaminck; Sanyu and Pan, while heavily inspired by Matisse, maintain a mastery of line and a penchant for negative space in their compositions, subtly revealing the spirit and features of traditional Chinese painting.

**46**

黑田清辉
1866 年，鹿儿岛—1924 年，东京

# 野外

1907 年｜布面油画｜54.9 厘米 × 72.8 厘米
右上方署名、纪年：SEYKI·KOVRODA 1907
POLA 美术馆藏

Kuroda Seiki

Kagoshima, 1866 — Tokyo, 1924

## The Fields

1907 | Oil on canvas | 54.9 cm × 72.8 cm
Signed and dated upper right: SEYKI·KOVRODA 1907
POLA MUSEUM OF ART, 016-0057

　　黑田清辉是鹿儿岛萨摩藩武士黑田清兼的长子，
1884 年他 18 岁时到法国学习法律。但是后来他决心
成为画家，1886 年到科拉罗西学院的科林教室学习。
翌年他从法律学校退学，直到 1893 年回国前都在法
国认真专研他的画业。科林善于在户外描绘优美的女
性形象，尤其擅长裸女。黑田的回国给日本带来了前
所未有的充满了自由明快气氛的西方绘画，他的后半
生一直是日本美术教育和美术界的中心人物。

　　1907 年黑田除了本作之外还绘制了三位裸女在
原野上休息场景的《花野》（日本东京文化财研究
所藏）画稿，《花野》最终成了黑田晚期未完成的作品。
本作描绘了一位躺在原野中的裸女，这个时期黑田
正试图回归科林的画风。他的作品《智·感·情》《湖
畔》（日本东京文化财研究所藏）参加了 1900 年的
巴黎世博会，当时他在会场上看到科林的作品《眠》，
也是描绘躺在草地上的裸女的半身像（1892 年，法
国巴黎艺术家财团藏），那幅作品与本作极其相似。
科林的另一件参展作品是描绘庭院中的三位女子的
《庭院的一角》（1895 年，日本前田育德会藏）。
本作受科林作品的感染，用微妙的色彩细腻地描绘
出了充满阳光的画面，绽放着甜美的诗一般的魅力。

*47*

冈田三郎助

1869 年，佐贺—1939 年，东京

# 水边浴女

1931 年 | 布面油画 | 72.8 厘米 × 45.3 厘米

右上方署名、纪年：昭和六年八月　冈田三郎助

POLA 美术馆藏

Okada Saburosuke

Saga, 1869 — Tokyo, 1939

## Nude Woman Standing at the Water's Edge

1931 | Oil on canvas | 72.8 cm × 45.3 cm

Dated and signed lower right: 昭和六年八月　冈田三郎助

POLA MUSEUM OF ART, 006-0492

　　冈田三郎助在天真道场向从法国留学归来的黑田清辉、久美桂一郎学习绘画。1896 年加入刚刚创立的白马会，并在东京美术学校新设立的西洋画科当副教授。翌年他作为日本文部省第一届西洋画研究的公费留学生赴法国留学，在黑田的老师拉斐尔·科林那里学习。科林是法国学院派画家，擅长描绘优美的裸女。回国之后，冈田在东京美术学校培育出了很多学生。受科林的影响，冈田最擅长描绘优美典雅的女子形象，用笔细腻、色调优雅，渐渐形成了自己的风格。他的人物画尤其是裸女形象综合了日本和西方的传统美学意识，也是他多年细心专研的成果。

　　本作描绘了裸女的背影，有西方绘画中传统的"浴女图"的特征。在自然光的映照下，水边的女子单膝跪在嫩绿的青草上，另一只脚伸在清澈的河水中。冈田用细腻的笔触描绘了女子光滑的肌肤，完美地展现了人体的质感，并把女子与自然风景很好地结合在一起，创造出了一幅具有装饰性的画作。

**48**

和田英作
1874 年，鹿儿岛—1959 年，静冈

# 玫瑰

1932 年｜布面油画｜38.2 厘米 × 45.7 厘米
右上方署名、纪年：WADA - EISAKU - 1932 -
POLA 美术馆藏

Wada Eisaku

Kagoshima, 1874 — Shizuoka, 1959

## Roses

1932 | Oil on canvas | 38.2 cm × 45.7 cm
Signed and dated upper right: WADA - EISAKU - 1932 -
POLA MUSEUM OF ART, 006-0499

　　和田英作是较早接触到黑田清辉从法国引进的"外光主义"绘画观念的画家之一。1900 年，和田作为文部省的公费留学生到法国，在黑田的老师拉斐尔·科林那里学习，受到法国学院派的熏陶，其作品《渡口的傍晚》（日本东京艺术大学美术馆藏）在巴黎世博会展出时受到了褒奖。

　　和田除了擅长肖像画外还善于描绘玫瑰等花卉的静物画。他晚年搬到静冈居住后留下了很多描绘富士山的作品。日本虽然很早就有蔷薇，但是在明治时代西方的玫瑰受到了大众的青睐，也成了绘画作品的主题。和田尤其喜爱玫瑰，玫瑰也是他最多见的绘画主题。本作用笔果断，很好地描绘了玫瑰饱满的质感，华丽的色彩赋予了花朵水灵灵的生命力。这是和田运用西方绘画的技法结合他的精湛技艺，追求事物逼真性的代表作品之一。

*49*

王悦之
1894 年，台中—1937 年，北京

## 燕子双飞图

1929 年｜布面油画｜180.0 厘米 × 69.0 厘米
中国美术馆藏

Wang Yuezhi

Taizhong, 1894 — Beijing, 1937

Pair of Swallows in Flight

1929 | Oil on canvas | 180.0 cm × 69.0 cm
National Art Museum of China

　　王悦之，原名刘锦堂，号月芝，中国台湾台中人。1915 年东渡日本留学，考入东京美术学校，1921 年毕业回国，担任国立北京美术学校西画教师。1922 年与李毅士、吴法鼎等组织了北京第一个研究西洋画的团体阿博洛学会。1924 年，王悦之在北京创办私立北京艺术学院并任院长，同时兼任北京大学造型美术研究会导师。

　　1928 年春，林风眠邀请王悦之出任国立艺术院西画系教授，本作便创作于此期间，作品表现囿于环境的一位青年女性对爱情、对自由的向往。作者有意采用中国画的线描为骨法，灵活地运用明暗光影塑形，而且从比兴思维、立轴章法、背景与道具的设置、油色薄涂等方面，无不体现出西画民族化的用心。

## 50

陈抱一
1893 年，上海—1945 年，上海

## 香港码头

1942 年 | 布面油画 | 72.0 厘米 × 90.5 厘米
左下方署名：抱一
陈绿妮 捐赠
中国美术馆藏

Chen Baoyi

Shanghai, 1893 — Shanghai, 1945

## The Port of Hong Kong

1942 | Oil on canvas | 72.0 cm × 90.5 cm
Signed lower left: 抱一
Donated by Chen Lüni
National Art Museum of China

陈抱一，1893 年出生于上海，原名陈洪钧，号抱一。1913 年赴日本留学，在白马会葵桥研究所学习，翌年回国。1916 年再次赴日留学，先在川端绘画学校学习，后进入东京美术学校，1921 毕业回国。1925 年与丁衍庸一起创办私立中华艺术大学，任洋画部主任。著有《油画法之基础》《静物画研究》《人物画研究》等。

本作创作于 1942 年，描绘了 20 世纪 40 年代的香港。蓝绿色的大海上泊着几艘渔民小船，岸边的人等待着渔帆的归来，夕阳把他们的身影长长地投射在地上。作品显示出画家娴熟的艺术技巧，造型流畅，色彩典雅，富有诗意，既有现代主义艺术的美感，同时又深深地烙有中华民族的时代印痕。

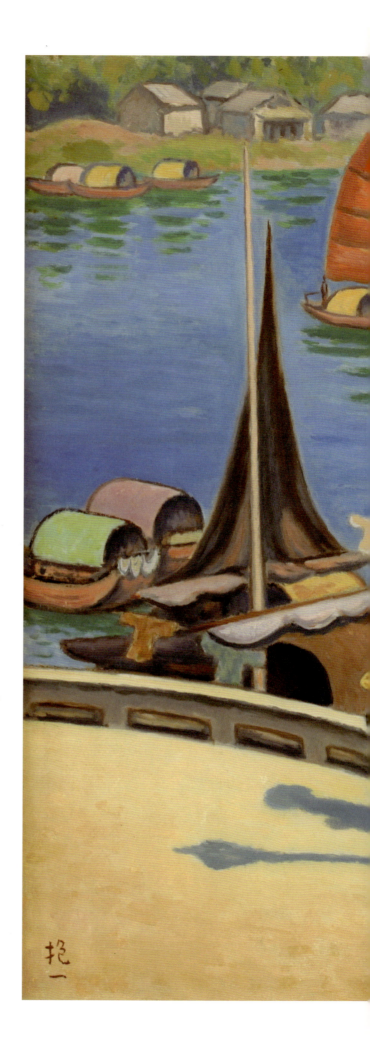

*51*

刘海粟

*1896 年，江苏—1994 年，上海*

# 巴黎圣母院夕照

1930 年｜布面油画｜116.5 厘米 × 89.0 厘米
左下方署名、纪年：海粟 1930 Liu Hai Sou
刘海粟美术馆藏

Liu Haisu

Jiangsu, 1896 — Shanghai, 1994

## Notre Dame in Sunset

1930 | Oil on canvas | 116.5 cm × 89.0 cm
Signed and dated lower left: 海粟 1930 Liu Hai Sou
LIU HAISU ART MUSEUM

　　刘海粟 1896 年出生在江苏武进（今常州）。1914 年任上海图画美术院副校长，1915 年至 1952 年任上海美术专科学校校长。1919 年，刘海粟赴日考察日本美术教育事业后著《日本新美术的新印象》。1929 年至 1935 年，他先后两次游历欧洲，考察西方艺术，宣传中国绘画，探讨艺术教育，1932 年编辑出版《世界名画集》。刘海粟是中国近现代的著名画家、书法家、美术教育家。

　　本作是刘海粟第一次旅欧期间的力作，也是他 20 世纪 30 年代的代表作之一。刘海粟深受印象派的影响，莫奈就曾在 1892 年至 1893 年间，描绘了在晨曦、日出、正午、薄暮等各种光线下的巴黎圣母院系列作品，本作中也可以看到莫奈的渊源。除了光线变幻之外，刘海粟似乎更注重整个画面的沉稳和均衡，对称的构图在黄绿色的暖调子中展开，笔致沉厚而有弹性，驭色错综而有序，不愧为中国现代美术史上的佳作。

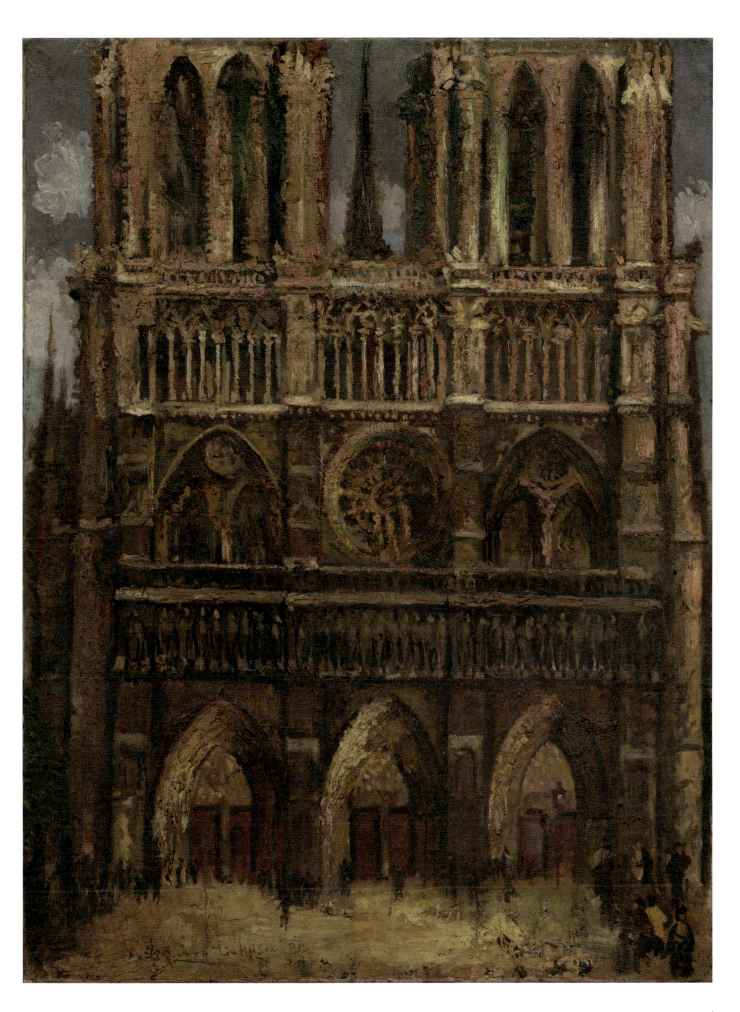

*52*

万铁五郎
1885 年，岩手—1927 年，神奈川

# 树荫下的村落

1918 年 | 布面油画 | 50.0 厘米 × 60.7 厘米
POLA 美术馆藏

Yorozu Tetsugoro
Iwate, 1885 — Kanagawa, 1927

## Village Under the Trees

1918 | Oil on canvas | 50.0 cm × 60.7 cm
POLA MUSEUM OF ART, 002-0201

　　万铁五郎早年参照大下藤次郎的《水彩画刊》自学绘画，18 岁进入东京美术学校学习。他曾说其毕业作品《裸体美女》（1912 年，日本东京国立近代美术馆藏）是受到凡·高、马蒂斯的影响而创作的，是他学习后印象派和野兽派绘画风格的里程碑式的作品。

　　1910 年创刊的文艺杂志《白桦》介绍了当时欧洲的各种艺术运动，触发了立志成为艺术家的年轻人的激情。通过图片和文章，万铁五郎了解到法国的野兽派、立体派和德国的表现主义绘画的动向。1912 年他和岸田刘生等一起结成"炭笔画会"，虽然在一年之后就解散了，但是在当时的年轻画家们中有相当大的影响。

　　本作受万铁五郎特别关注的德国表现主义画家康定斯基的影响，尤其是他早期风景画的风格。作品描绘了画家的家乡岩手县花卷市土泽的风景，用富于动感的线条、强烈的色彩描绘了树木和村落，这是当时万铁五郎最新的表现手法。他用暖色调描绘家乡树荫下的安逸村落，前景中红色和蓝色的奇妙树叶又似乎唤起了观者心中的一丝忐忑。

*53*

佐伯祐三
1898 年，大阪—1928 年，讷伊

# 城堡街入口

约 1925 年｜布面油画｜72.7 厘米 × 59.2 厘米
背面、纪年、作品名：第五号　十月三十日午后　アントレ　ド　リュード　シャトー
POLA 美术馆藏

Saeki Yuzo
Osaka, 1898 — Neuilly-sur-Marne, 1928

## Entrée de Rue du Château

ca. 1925 | Oil on canvas | 72.7 cm × 59.2 cm
Dated and titled verso: 第五号　十月三十日午后　アントレ　ド　リュード　シャトー
POLA MUSEUM OF ART, 006-0494

　　佐伯祐三在大阪府市立北野中学读书时就立志要当画家。1917 年到东京，先进入川端绘画学校，在藤岛武二的指导下学习绘画，后来又进入东京美术学校学习。他在武者小路实笃官邸举行的白桦美术馆第一次展览会上看到凡·高的《向日葵》（二战中烧毁），激发了他去巴黎学习的梦想。1923 年他从东京美术学校毕业，和妻子一起到巴黎学习。他先是在大茅舍艺术学院的自由科学习，描绘一些塞尚风格的裸体及着衣人像，在瓦兹河畔奥维尔镇遇到弗拉芒克后，又受其影响创作了许多风景画。1924 年 11 月佐伯搬到巴黎市内蒙马特车站南边的城堡街 13 号居住，开始描绘周围的街道。

　　搬到城堡街后，佐伯的创作热情日益高涨。随着创作数量的增加，购买绘画材料的费用也随之增加，此时他开始自己制作油画布框，还开发了容易吸收油分的布框。可能是画布对油分的吸收程度恰到好处的关系，又助长了佐伯作品数量的增加。他总是满怀激情地即兴描绘街景，本作就是他这个时期的作品，描绘充满了平民们喜怒哀乐的街道，散发着无限的魅力。

54

潘玉良

1895 年，江苏—1977 年，巴黎

# 窗前女人

1946 年｜布面油画｜64.0 厘米 × 92.0 厘米

左上方署名：玉良 46

安徽博物院藏

Pan Yuliang

Jiangsu, 1895 — Paris, 1977

## The Woman Before the Window

1946 | Oil on canvas | 64.0 cm × 92.0 cm

Signed upper left: 玉良 46

Anhui Museum

    潘玉良 1895 年出生于江苏扬州，原名陈秀清。1918 年考进上海图画美术院。1921 年考取官费赴法国留学，1928 年返回中国，任上海美术专科学校西画系主任。1937 年起旅居法国巴黎。她是中国近代较早走出国门，系统接受西方现代美术教育的女画家之一。

    潘玉良的艺术创作中，对女性的关注与表现始终占有十分重要的地位。本作是她第二次赴法时期的作品，这一阶段也正是她艺术创作上的高峰期，创作了多幅同一主题的作品。在欧洲绘画中，描绘"窗前的女性"是一个传统主题。作品中"窗"内外的景象更多暗示了画中人的内心和思绪，连接现实与想象，表达画家的艺术理念，因此具有丰富的内涵。作品用色大胆奔放，色调艳丽，对比鲜明，可以看出画家在艺术上广征博采，融合了后期印象派、野兽派等的风格和特征。

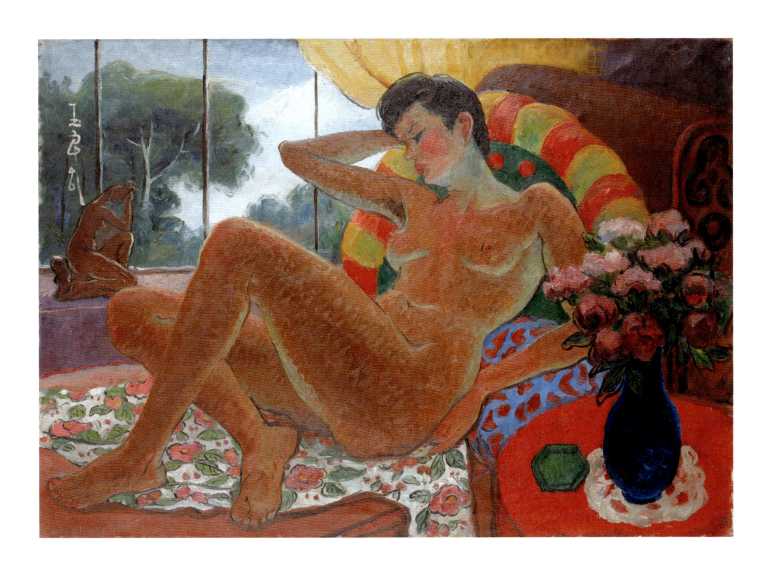

**55**

常玉

1900 年，四川—1966 年，巴黎

# 马

1930 年｜布面油画｜69.0 厘米 × 81.0 厘米

中国美术馆藏

Chang Yu

Sichuan, 1900 — Paris, 1966

## Horse

1930 | Oil on canvas | 69.0 cm × 81.0 cm

National Art Museum of China

　　常玉，本名常有书，生于四川顺庆。9 岁随赵熙学习书法，后又随父学画。早年曾赴日本习画，1921 年至法国勤工俭学，入巴黎高等美术学院研习油画，毕业后侨居法国。他与马蒂斯、毕加索都有交往，作品深受马蒂斯的影响，画风独特，在 20 世纪二三十年代的巴黎已颇有名气。但这些好机缘并未被常玉把握住，以致其一生穷困潦倒，1966 年在寓所中因瓦斯中毒去世。常玉原本预备了四十余件作品在中国台湾展出，但作品运到时人已谢世，于是这些作品被保存在中国台湾历史博物馆。

　　常玉虽受野兽派影响，但他的作品常以浅色块为主调，风格更加简洁、明亮。他用笔细腻流畅，具有韵律感和装饰性，给人清新之感。本作创作于 1930 年，此时常玉正值他的一段短暂婚姻生活中，画中的马儿悠闲、自在。作品结合了中国传统绘画虚空的留白意境，将写意风格融入西方绘画中。20 世纪 50 年代常玉开始使用强烈的色彩，并加入黑色小块和线条，背景更加抽象。

# VI

**余兴派对**
当代艺术中的光与空间
**EPILOGUE**
Light and Space in Contemporary Art

左拉曾这样赞扬莫奈描绘圣拉扎尔火车站的画作："这是今日的绘画……我们的艺术家必须要在火车站里寻到诗，正如他们的父辈从森林与河流中寻到诗一样。"那么，今天的艺术该表现什么？今天的艺术家又在哪里寻诗？

　　可以确定的是，今时今日的艺术依然深受印象派伟大变革的启发，摄影艺术尤其如此。摄影的本意即"以光作画"，其在诞生初期就曾影响了印象派记录瞬时场景的创作理念。但在当代摄影中，杉本博司却反其道行之，通过长时间对电影荧幕的曝光，将"满"转化为"空"，将光的铺陈还原为光本身。

　　杜菲笔下的赛马场和巴黎铁塔固然是现代都会的空间表征，但本雅明亦指出，室内作为一种精神状态，可与现代性同义。这里的大部分作品都指涉一种室内空间的隐秘特质或室内外的空间关系。草间弥生的装置打破了私域的界限，以标志性的波点呈现当代个体的精神焦虑与幻觉。而在马克雷的作品中，来自不同影像的"门"串联成萦回的复数时空，如同永不终结的迷梦。

Zola thus extolled Monet's paintings of the Gare Saint-Lazare: "This is the art of today [. . .]. Our artists must find poetry within the train station, just as their forebears found it in the forests and rivers." So, what should art express today? And where should today's artists seek their poetry?

What is undeniable is that contemporary art remains profoundly inspired by the transformative legacy of Impressionism, particularly in the field of photography. Photography, etymologically, means "painting with light," and it influenced Impressionism's approach to capturing ephemeral scenes from its inception. However, in modern photography, Sugimoto Hiroshi has taken a contrary path, turning "fullness" into "emptiness" by exposing film to movie screens for extended periods, distilling the spectacle of light back to its pure essence.

While Dufy's racecourses and Eiffel Tower are indeed spatial symbols of the modern city, Benjamin noted that the interior, as a mental state, can be equated with modernity itself. Most of the works in this section hint at the secretive qualities of interior spaces or the spatial dynamics between indoors and outdoors. Kusama Yayoi's installations shatter the confines of private spaces, manifesting the spiritual unease and hallucinations of contemporary subjects with her signature polka dots. In the works of Marclay, "Doors" from various movies converge to create an intricate tapestry of multiple spaces and times, resembling an endless, enigmatic dream.

## 56-59

沃尔夫冈·提尔曼斯
1968 年，雷姆沙伊德—

# 流溢的光

a: 2011 年 | 57.7 厘米 × 71.7 厘米
b: 2011 年 | 67.0 厘米 × 87.9 厘米
c: 2011 年 | 74.5 厘米 × 92.1 厘米
d: 2011 年 | 67.2 厘米 × 83.0 厘米
喷墨打印裱于铝板，艺术家自制框
POLA 美术馆藏

Wolfgang Tillmans
Remscheid 1968 —

## Filled with Light

a: 2011 | 57.7 cm × 71.7 cm
b: 2011 | 67.0 cm × 87.9 cm
c: 2011 | 74.5 cm × 92.1 cm
d: 2011 | 67.2 cm × 83.0 cm
Inkjet print mounted on aluminum in artist's frame
POLA MUSEUM OF ART, 022-0011,
022-0012, 022-0013, 022-0014

　　沃尔夫冈·提尔曼斯 1968 年出生在德国的雷姆
沙伊德，在英国学习摄影后，辗转于伦敦、纽约和
柏林。20 世纪 80 年代在《i-D》等杂志发表作品，
开始崭露头角。他善于将不同尺寸、不同题材的摄
影作品挂在墙上自由组合成新的画面，以此展现世
界的多样性和偶然性。他在世界各地的美术馆举办
展览，不断更新摄影作品在表现形式上的可能性，
是当今著名的艺术家之一。

　　本作四件一组，创作于艺术家在伦敦的工作室。
作品乍一看似乎只是一个偶然的瞬间，但是如果仔
细观察，作品中那些投在墙上的光影并非从窗口摄
入的自然光影，而是艺术家经过精心计算后设计合
成的光影。照片大都通过多重曝光来营造效果，散
落在墙上的植物的影子宛如绘画一样，起到了"画
中画"的效果。把不同的光影形成的不同画面合成
到同一个画面中，这种创作手法似乎与立体派的绘
画作品有异曲同工之效。这四张摄影作品表达了时
间和空间的推移，强调了时间的积累使空间变得越
来越奇妙的过程。

56-a

57-b

58-c

59-d

## 60

沃尔夫冈·提尔曼斯
*1968 年，雷姆沙伊德—*

# 野草

2014 年｜喷墨打印裱于复合铝板，艺术家自制框｜212.0 厘米 × 145.0 厘米
POLA 美术馆藏

Wolfgang Tillmans
Remscheid 1968 —

Weed

2014 | Inkjet print mounted on dibond aluminum in artist's frame | 212.0 cm × 145.0 cm
POLA MUSEUM OF ART, 022-0017

　　提尔曼斯的兴趣并没有停留在崇高的瞬间，而是将注意力集中在如何通过摄影作品为日常的光景增添异彩。2014 年的作品《野草》就是一个很好的例子，这是艺术家在他伦敦家中院子里拍摄的照片，他把杂草的照片放大到 2 米，赋予了平时很难处理的渺小的植物新的视觉效果，随着光与影明暗效果的展开把杂草的形态、轮廓的复杂细节呈现在了作品中。不起眼的带着伤痕的杂草因为艺术家卓越的视角和完美的构图变得更有意味，并在画面中留下了美丽的身影。

　　已经枯萎的无花果树的落叶不经意地躺在地上，宛如雕塑一般吸引人们的视线，这种生与死的转换体现了提尔曼斯对自然之力巧妙而又周到地演示。

**61-63**

| | |
|---|---|
| 沃尔夫冈·提尔曼斯 | Wolfgang Tillmans |
| 1968 年，雷姆沙伊德— | Remscheid 1968 — |

# 窗 / 卡拉瓦乔

window/Caravaggio

1997 年｜彩色合剂冲印｜40.6 厘米 × 30.5 厘米　　1997 | c-print | 40.6 cm × 30.5 cm

# 天蓝

himmelblau

2005 年｜彩色合剂冲印｜40.6 厘米 × 30.5 厘米　　2005 | c-print | 40.6 cm × 30.5 cm

# 杜勒大街

Dürerstrasse

2009 年｜彩色合剂冲印｜40.6 厘米 × 30.5 厘米　　2009 | c-print | 40.6 cm × 30.5 cm

POLA 美术馆藏　　　　　　　　　　　　　　　POLA MUSEUM OF ART, 022-0008, 022-0009, 022-0010

61

　　提尔曼斯擅长拍摄一些不经意的日常光景。这些摄影作品从大到小，有各种各样的尺寸，小幅的作品更具亲和力。2012 年他开始使用数码相机，在此之前他都使用 50 毫米的单反相机。1997 年到 2009 年之间拍摄的这些作品还保留着胶片的质感。

　　《杜勒大街》透过铁窗的中央望见窗外的大街。《天蓝》用直线构成，窗户之外便是墙。与《野草》一样给人不平稳的感觉的《窗 / 卡拉瓦乔》中，窗台上并排放着两张卡拉瓦乔《施洗者圣约翰》（1602 年）的明信片。这些作品是艺术家慎重地捕捉瞬间，制造偶然的结果。在这样的"偶然"中似乎有一种把人的眼睛和心灵融为一体的魔法，这种不可思议的表现方法能把人的目光引到影像的世界里。

62

63

**64**

草间弥生
1929 年，长野—

# 床，波点迷恋

2002 年 | 综合材料 | 231.0 厘米 × 138.0 厘米 × 228.0 厘米
POLA 美术馆藏

Kusama Yayoi
Nagano, 1929 —

## Bed - Dots Obsession

2002 | Mixed media | 231.0 cm × 138.0 cm × 228.0 cm
POLA MUSEUM OF ART, 022-0007

　　以波点著称的草间弥生，是日本当代艺术家的代表。
那些呈网格状的波点纹样、单纯重复突起的造型，表现
繁殖、聚集的形状，都来自于她幼年的幻听和幻觉体验。
1957 年她到美国后，创作形式从平面的绘画作品渐渐变
成了立体的艺术作品。其中，于 20 世纪 60 年代发表的，
把无数织物组成的突起物贴在家具、小船上创作而成的
异形系列作品，引领了当时欧美波普艺术的动向，获得
了很高的评价。

　　床是一个代表私密的物品，既可以具有日常性，又
是将人们引入到另外一个空间的道具。带着无数波点纹
样的有顶盖的床代表着安眠、梦境、旅行、苏醒、噩梦、
妄想、执念、不在、生死等，它打开了人们想象的大门。
草间弥生以"床"为主题的作品并不多见，这件是艺术
家的经典之作。

*杉本博司*

*1948 年，东京一*

# 北极熊

1975 年｜明胶银印｜119.4 厘米 × 149.2 厘米

# 鬣狗·豺狼·秃鹫

1975 年｜明胶银印｜119.4 厘米 × 149.2 厘米

POLA 美术馆藏

Sugimoto Hiroshi

Tokyo, 1948 —

## Polar Bear

1975 | Gelatin silver print | 119.4 cm × 149.2 cm

## Hyena-Jackal-Vulture

1975 | Gelatin silver print | 119.4 cm × 149.2 cm

POLA MUSEUM OF ART, 024-0034, 024-0035

  杉本博司 1948 年生于东京，1974 年毕业于美国洛杉矶艺术中心设计学院，居住在纽约，是日本当代艺术家的代表。

  "世界上有各种各样的标本，它们唯一缺失的东西是生命。"杉本在美国的自然博物馆里受到启发，1975 年起开始创作这一系列作品，拍摄那些摆放在博物馆展示空间里的标本。通过人工设计后陈列的野生北极熊、鬣狗、狼等动物标本，它们早已失去了生命，杉本通过周密的摄影规划完美地排除了光线的反射和一些不必要的事物，营造了一个近乎自然的场景，魔术般地赋予了它们生命力。他用照相机的镜头捕捉到一个虚构的世界，那些动物活灵活现的样子似乎可以欺骗人们的眼睛。

65

66

*67-68*

杉本博司

1948 年，东京一

# 卡伯特街影院，马萨诸塞州

1978 年｜明胶银印｜119.4 厘米 × 149.2 厘米

# U.A. 剧场，纽约

1978 年｜明胶银印｜119.4 厘米 × 149.2 厘米

**POLA 美术馆藏**

Sugimoto Hiroshi

Tokyo, 1948 —

## Cabot Street Cinema, Massachusetts

1978 | Gelatin silver print | 119.4 cm × 149.2 cm

## U.A. Playhouse, New York

1978 | Gelatin silver print | 119.4 cm × 149.2 cm

POLA MUSEUM OF ART, 024-0038, 024-0039

　　"剧场"是杉本博司从 20 世纪 70 年代开始持续创作了 40 年以上的系列作品，是艺术家最有代表性的系列作品之一，与"标本""海景"一起被称为艺术家的系列三部曲。"剧场"系列是艺术家在世界各地的影院中将快门时间设置到整个电影放映结束，通过长时间曝光拍摄而成的作品。艺术家在电影院坐席的最后面，把 8×10 英寸的大型照相机固定在三脚架上，在画面中凝聚了一部电影的时长，拍下被白光化了的银幕。前景中的剧场里仿佛有过几万观众，营造了浓密的时间和空间。

　　在人的视觉感官重复交错的"剧场"这一场所，用相机、光线、时间这些摄影技术中必不可少的道具与要素来完成照片的拍摄，是摄影史上的创举，也是反应杉本博司高超的摄影技术的代表作品。

67

68

**69**

克里斯蒂安·马克雷

1955 年，加利福尼亚州—

# 门

2022 年 | 单屏影像，彩色和黑白，循环播放

POLA 美术馆藏

Christian Marclay

California, 1955 —

## Doors

2022 | Single channel video, color and black & white | Continuous loop

POLA MUSEUM OF ART, 023-0014


　　马克雷 1955 年出生于美国加利福尼亚州，在瑞士日内瓦长大，现定居纽约，是一名视觉艺术家和作曲家。1979 年，他通过唱片和转盘创作出第一件实验性作品，展现了他对声音的独特探索，并迅速成为实验音乐领域的重要人物。进入 20 世纪 80 年代后，马克雷融合听觉与视觉，持续创作出跨越实验音乐与当代艺术领域的先锋作品。

　　《门》是马克雷历时 12 年完成的作品。他通过剪辑并串联数百部电影中与"门"相关的片段，构建起一场独特的视听体验。随着拉门或推门动作的衔接，观众将目睹一个 20 世纪 80 年代的演员步入 50 年代的黑白影像中。艺术家通过串联一扇又一扇门，创造了一个富有节奏感的、游戏般的世界，一个时间与空间交织在一起的世界。每一扇门的背后隐藏着什么？作品以一种流动、连续的错觉赋予观众无限的想象空间。

# 索 引
# Index

**13** *P60*

卡米耶·毕沙罗

埃拉尼晨曦下盛开的梨树

Camille Pissarro

Pear Trees in Bloom at Eragny, Morning

**17** *P70*

皮埃尔－奥古斯特·雷诺阿

浴女

Pierre Auguste Renoir

Bather

**21** *P80*

保罗·塞尚

瓦兹河畔奥维尔镇的小屋

Paul Cézanne

Cottages at Auvers-sur-Oise

**14** *P62*

阿尔弗莱德·西斯莱

卢安河畔的早晨

Alfred Sisley

Banks of the Loing River, Morning

**18** *P72*

皮埃尔－奥古斯特·雷诺阿

戴蕾丝帽的女孩

Pierre Auguste Renoir

Girl in a Lace Hat

**22** *P82*

保罗·塞尚

四个浴女

Paul Cézanne

Four Women Bathers

**15** *P64*

皮埃尔－奥古斯特·雷诺阿

骑驴的阿拉伯人

Pierre Auguste Renoir

Arabs on Donkeys

**19** *P74*

皮埃尔－奥古斯特·雷诺阿

沐浴之后

Pierre Auguste Renoir

After the Bath

**23** *P84*

保罗·塞尚

糖缸、梨和桌布

Paul Cézanne

Sugar Bowl, Pears, and Tablecloth

**16** *P68*

皮埃尔－奥古斯特·雷诺阿

银莲花

Pierre Auguste Renoir

Anemones

**20** *P78*

保罗·塞尚

宗教场景

Paul Cézanne

Religious Scene

**24** *P86*

保罗·高更

蓬塔旺树下的母与子

Paul Gauguin

Mother and Child Under a Tree at Pont-Aven

25　*P88*

文森特·凡·高

**维格伊拉运河上的格莱兹桥**

Vincent van Gogh

The Gleize Bridge over the Vigueirat Canal

29　*P98*

奥迪隆·雷东

**阿波罗的战车**

Odilon Redon

The Chariot of Apollo

33　*P108*

亨利·马蒂斯

**戴围巾的女子**

Henri Matisse

Woman with a Scarf

26　*P92*

保罗·西涅克

**欧塞尔之桥**

Paul Signac

Bridge at Auxerre

30　*P100*

皮埃尔·博纳尔

**莱卡纳的风景**

Pierre Bonnard

View of Le Cannet

34　*P110*

亨利·马蒂斯

**中国花瓶**

Henri Matisse

Chinese Vase

27　*P94*

亨利·埃德蒙·克罗斯

**森林景色**

Henri Edmond Cross

Forest Scene

31　*P102*

皮埃尔·博纳尔

**白衣少女**

Pierre Bonnard

Girl in White Dress

35　*P112*

阿尔贝·马尔凯

**巴黎冬日的阳光**

Albert Marquet

Winter Sun, Paris

28　*P96*

奥迪隆·雷东

**伊卡洛斯**

Odilon Redon

Icarus

32　*P106*

莫里斯·德·弗拉芒克

**沙图**

Maurice de Vlaminck

Chatou

36　*P114*

阿尔贝·马尔凯

**滨海布洛涅港**

Albert Marquet

View of the Port at Boulogne-sur-Mer

37　*P118*

凯斯·凡·东根

通往荣军院的街道

Kees van Dongen

Road to the Invalide

38　*P120*

凯斯·凡·东根

杜维尔的诺曼底大酒店

Kees van Dongen

The Normandy Hotel at Deauville

39　*P122*

拉乌尔·杜菲

杜维尔的赛马场

Raoul Dufy

Racecourse at Deauville

40　*P124*

拉乌尔·杜菲

巴黎

Raoul Dufy

Paris

41　*P126*

乔治·布拉克

埃斯塔克的小屋

Georges Braque

Houses at l'Estaque

42　*P128*

乔治·布拉克

玫瑰色背景的吉他静物

Georges Braque

Still Life with Guitar (Rose Background)

43　*P130*

巴勃罗·毕加索

戴葡萄装饰帽的女孩头像

Pablo Picasso

Head of a Girl in a Hat Decorated with Grapes

44　*P132*

巴勃罗·毕加索

报纸、玻璃杯和烟盒

Pablo Picasso

Newspaper, Glass and Packet of Tobacco

45　*P134*

巴勃罗·毕加索

卖花女

Pablo Picasso

Flower Seller

46　*P138*

黑田清辉

野外

Kuroda Seiki

The Fields

47　*P140*

冈田三郎助

水边浴女

Okada Saburosuke

Nude Woman Standing at the Water's Edge

48　*P142*

和田英作

玫瑰

Wada Eisaku

Roses

49 *P144*

王悦之

**燕子双飞图**

Wang Yuezhi

Pair of Swallows in Flight

50 *P146*

陈抱一

**香港码头**

Chen Baoyi

The Port of Hong Kong

51 *P148*

刘海粟

**巴黎圣母院夕照**

Liu Haisu

Notre Dame in Sunset

52 *P150*

万铁五郎

**树荫下的村落**

Yorozu Tetsugoro

Village Under the Trees

53 *P152*

佐伯祐三

**城堡街入口**

Saeki Yuzo

Entrée de Rue du Château

54 *P154*

潘玉良

**窗前女人**

Pan Yuliang

The Woman Before the Window

55 *P156*

常玉

**马**

Chang Yu

Horse

56 *P160*

沃尔夫冈・提尔曼斯

**流溢的光（a）**

Wolfgang Tillmans

Filled with Light, a

57 *P160*

沃尔夫冈・提尔曼斯

**流溢的光（b）**

Wolfgang Tillmans

Filled with Light, b

58 *P160*

沃尔夫冈・提尔曼斯

**流溢的光（c）**

Wolfgang Tillmans

Filled with Light, c

59 *P160*

沃尔夫冈・提尔曼斯

**流溢的光（d）**

Wolfgang Tillmans

Filled with Light, d

60 *P162*

沃尔夫冈・提尔曼斯

**野草**

Wolfgang Tillmans

Weed

61    *P164*

沃尔夫冈·提尔曼斯

窗 / 卡拉瓦乔

Wolfgang Tillmans

window/Caravaggio

62    *P164*

沃尔夫冈·提尔曼斯

天蓝

Wolfgang Tillmans

himmelblau

63    *P164*

沃尔夫冈·提尔曼斯

杜勒大街

Wolfgang Tillmans

Dürerstrasse

64    *P166*

草间弥生

床，波点迷恋

Kusama Yayoi

Bed - Dots Obsession

65    *P168*

杉本博司

北极熊

Sugimoto Hiroshi

Polar Bear

66    *P168*

杉本博司

鬣狗·豺狼·秃鹫

Sugimoto Hiroshi

Hyena-Jackal-Vulture

67    *P170*

杉本博司

卡伯特街影院，马萨诸塞州

Sugimoto Hiroshi

Cabot Street Cinema, Massachusetts

68    *P170*

杉本博司

U.A. 剧场，纽约

Sugimoto Hiroshi

U.A. Playhouse, New York

69    *P172*

克里斯蒂安·马克雷

门

Christian Marclay

Doors

## 主办单位 Organizers

上海博物馆 Shanghai Museum

公益财团法人 POLA 美术振兴财团 POLA 美术馆 Pola Museum of Art

株式会社日本经济新闻社 Nikkei Inc.

## 参展单位 Lenders to the Exhibition

中国美术馆 National Art Museum of China

安徽博物院 Anhui Museum

刘海粟美术馆 Liu Haisu Art Museum

## 友情赞助 Sponsors

## 展览总策划 Chief Planning

褚晓波　上海博物馆馆长　　Chu Xiaobo, Director of the Shanghai Museum

野口弘子　POLA 美术馆馆长　　Noguchi Hiroko, Director of the Pola Museum of Art

## 内容策划 Curatorial Team

上海博物馆 Shanghai Museum：

金靖之 Jin Jingzhi、鲍文炜 Bao Wenwei

POLA 美术馆 Pola Museum of Art：

今井敬子 Imai Keiko、铃木幸太 Suzuki Kota、工藤弘二 Kudo Koji

## 统筹协调 Project Management

上海博物馆 Shanghai Museum：

褚馨 Chu Xin、鲍文炜 Bao Wenwei、金靖之 Jin Jingzhi、韦刚 Wei Gang、邵心怡 Shao Xinyi、吴在君 Wu Zaijun

POLA 美术馆 Pola Museum of Art：

松井孝 Matsui Takashi、今井敬子 Imai Keiko、铃木幸太 Suzuki Kota、工藤弘二 Kudo Koji

日本经济新闻社 Nikkei Inc.：

文化事业部 Cultural Affairs Department

## 陈列设计 Gallery Design

袁启明 Yuan Qiming、伍靖慧 Wu Jinghui、孙栋 Sun Dong

## 展品撰写 Textual Contributors

POLA 美术馆 Pola Museum of Art：学艺部 Curatorial Department

英文翻译 English Translators

朱绩崧 Zhu Jisong、孙欣祺 Sun Xinqi

日文翻译 Japanese Translator

金靖之 Jin Jingzhi

图表绘制 Graphing

李一冉 Li Yiran、施文漪 Shi Wenyi

文物保护 Conservation Team

黄河 Huang He、徐方圆 Xu Fangyuan、沈敬一 Shen Jingyi

展览教育 Exhibition Education

汤世芬 Tang Shifen、石维尘 Shi Weichen、李宏洁 Li Hongjie、崔淑妍 Cui Shuyan

展览宣传 Exhibition Promotion

孔宁 Kong Ning、孙路遥 Sun Luyao、季沁园 Ji Qinyuan

外事协调 Foreign Affairs Coordinating

徐立艺 Xu Liyi、张洁 Zhang Jie

市场运营 Marketing Team

李峰 Li Feng、张夙愿 Zhang Suyuan、李华 Li Hua、冯炜 Feng Wei、李滨 Li Bin、周文亮 Zhou Wenliang

文创开发 Merchandising Team

冯炜 Feng Wei、赵铭岚 Zhao Minglan、章炳良 Zhang Bingliang、丁大家 Ding Dajia

运维保障 Gallery Maintaining

李华 Li Hua、章颖 Zhang Ying、杨文辉 Yang Wenhui、周锦辉 Zhou Jinhui、舒寅 Shu Yin、盛华 Sheng Hua

**图书在版编目(CIP)数据**

印象·派对：POLA美术馆藏印象派艺术精粹 / 上海

博物馆编. -- 上海：上海书画出版社，2025.3.

ISBN 978-7-5479-3521-7

Ⅰ. G262-64

中国国家版本馆CIP数据核字第2024TM2614号

"对话世界"文物艺术大展系列

## 印象·派对：POLA美术馆藏印象派艺术精粹

上海博物馆 编

| | |
|---|---|
| 主　　编 | 褚晓波 |
| 责任编辑 | 王　彬　吕　尘 |
| 特约编辑 | 凌瑞蓉 |
| 审　　读 | 陈家红 |
| 装帧设计 | 张晶晶 |
| 图文制作 | 白瑾怡 |
| 美术编辑 | 盛　况 |
| 技术编辑 | 吴　金 |

| | |
|---|---|
| 出版发行 | 上 海 世 纪 出 版 集 团 |
| | 上海书画出版社 |
| 地　　址 | 上海市闵行区号景路159弄A座4楼 |
| 邮政编码 | 201101 |
| 网　　址 | www.shshuhua.com |
| E－mail | shuhua@shshuhua.com |
| 设计制作 | 上海汉唐晟源艺术设计有限公司 |
| 印　　刷 | 上海雅昌艺术印刷有限公司 |
| 经　　销 | 各地新华书店 |
| 开　　本 | 635×965　1/8 |
| 印　　张 | 23 |
| 版　　次 | 2025年3月第1版　2025年3月第1次印刷 |

| | |
|---|---|
| 书　　号 | ISBN 978-7-5479-3521-7 |
| 定　　价 | 240.00元 |

若有印刷、装订质量问题，请与承印厂联系